CCTV 致富经 **河南省人力资源和社会保障厅** 联合制作

创业中国

——河南人物

冯克 主编

经济科学出版社
Economic Science Press

图书在版编目（CIP）数据

创业中国：河南人物/冯克主编 . —北京：经济
科学出版社，2015.4

ISBN 978 - 7 - 5141 - 5717 - 8

Ⅰ. ①创…　Ⅱ. ①冯…　Ⅲ. ①人物 - 先进事迹 -
河南省 - 现代　Ⅳ. ①K820. 7

中国版本图书馆 CIP 数据核字（2015）第 085385 号

责任编辑：柳　敏　孙丽丽
责任校对：刘欣欣
责任印制：李　鹏

创 业 中 国
——河南人物

冯　克　主编

经济科学出版社出版、发行　新华书店经销
社址：北京市海淀区阜成路甲 28 号　邮编：100142
总编部电话：010 - 88191217　发行部电话：010 - 88191522
网址：www. esp. com. cn
电子邮件：esp@ esp. com. cn
天猫网店：经济科学出版社旗舰店
网址：http：//jjkxcbs. tmall. com
北京季蜂印刷有限公司印装
787 × 1092　16 开　12 印张　200000 字
2015 年 5 月第 1 版　2015 年 5 月第 1 次印刷
ISBN 978 - 7 - 5141 - 5717 - 8　定价：48.00 元
（图书出现印装问题，本社负责调换。电话：010 - 88191502）
（版权所有　侵权必究　举报电话：010 - 88191586
电子邮箱：dbts@ esp. com. cn）

《创业中国——河南人物》

编委会

总策划： 傅玉祥　赵泽琨　彭小元　詹新华　苑　荣
　　　　　傅雪柳

主　编： 冯　克

副主编： 陈润森　许　威　李松峰

编　辑： 刘　悦　张华君　张　丽　颜志宏　谭思晨
　　　　　刘　杰　赵心悦　邓贻强　钱分平　武耀华
　　　　　黄哲颖　李　杰　郭　佳　程诗雄　丛永玮
　　　　　孙彦峰　杨　葳　王　浩　郭佳蓓　高　元

突破与超越

每次观看世界体育大赛，我们都会惊诧于新的世界纪录诞生。当记者追问这些运动员实现极限发挥的秘笈时，总会得到相近的答案：心理上突破自己与科学地超越别人。读完本书中所采写的创业典型的传奇故事之后，我深切地感到，创业者与运动员的答案非常类同。

邓小平同志"南方讲话"之后，越来越多的人怀揣梦想投身于创业大潮中。在涉农领域，以工促农、以城带乡为主要形式的创业者成为其中最活跃的部分。2003年底，全面改版的《致富经》栏目，瞄准了这一庞大的创业群体，着力展示和传播他们的创业经历和致富经验，让一个个鲜活而丰满的创业者走近每一位观众，鼓舞和带动更多的人坚定创业信心，实现创业梦想。

通过本书的阅读，我们会真切地触摸到坚守的价值。曾经有一本书说得过于极端——只有偏执狂才能生存。对本书所讲述的创业者而言，其表现在于自信坚韧，在于执着一念，突破自己，超越同行，不懈怠、不动摇。坚守的过程中诱惑与忍耐同在，机会与陷阱共存，孤独与掌声相伴；高度自律的坚守，是对梦想的无限渴望。这才有了他们起伏跌宕、精彩纷呈的创业人生故事。

通过本书的阅读，我们可以感受到"德"的力量。所谓经营无定法，德字行其间，经商赚钱不能昧良心、失德性。成功的创业者，无论在顺境还是逆境，都恪守着自己的做人底线，用长远的眼光对待自己的未来经营。在竞争中始终保持着高度的责任感，以自己的品德凝聚成品牌，并深深地印在目标客户群心里，才能最终实现持续发展。

通过本书的阅读，我们会发现创业的艰辛过程和成功结果都是同样快乐的。在创业之初，他们克服重重困难，承受巨大压力和风险，他们变得坚强、成熟，他们快乐着；经过努力和拼搏，创业获得成功，梦想变成现实，他们更快乐。登山者把登山时的苦与累当成一种乐趣，这是乘缆车者无法体会到的。创业不仅要经营自己，还要善于和别人合作，任何成功创业都需要你对人生有丰富积累，为了积累的付出应当是收获、是喜悦。

通过本书的阅读，我们可以清晰地感知到谋生与创业的关联与区别。在中国城乡阶层结构划分中，他们从谋生走向了经营，从坚守走向了创新。他们的工作不仅仅是创造财富，更是在创造价值，一些独具特色、颇有匠心的经营理念和创业经验，完全可以融入经典的高等学府教材；他们科学的变革使最本土的产品实现升级换代，灵动的管理让最混乱的头脑变得条理规范。令人羡慕的财富增长，已然昭示他们从创业者到企业家的不平凡历程。

作为观众，我们为拳击台上的拳手、电影里的英雄捏过无数把汗，随他们的命运起伏而心绪难平。感受人家的拼搏，同样会激发起自己的斗志。越来越多的人，已不再为吃饱、穿暖发愁，但也因失去压力，进而失去了主动追求梦想的渴望；太多的人在选择中常常做出了随时改变而非专一的决定，让时空虚度，人未有成。

《致富经》就是让成功的创业者靠你更近，让你感受他们的心跳与激情，在拼搏中去实现自己的价值，成就自己的梦想。

中 央 电 视 台 编 委

中国农业电影电视中心党委书记、主任　　傅玉祥

分享创业的"传奇"

很多人把创业视为畏途，而央视七套《致富经》栏目就颠覆了这一宿论。我认为这个栏目展示的人物不在于对创业者本身故事的宣传，而在于推翻了很多人心理上的借口和障碍，给人以价值引导和创业精神启迪。"没本钱"，"没人脉"，"没项目"，"没技术"……让我怎么创业？《致富经》通过众多真实又有说服力的成功创业案例，生动地让很多看起来不可能完成的创业项目成为现实。

《创业中国》电视系列节目的内容，是《致富经》栏目联合全国各省级相关部门筛选出的创业英雄的创业经历及经验。这套书以此为基础，又全面补充采访，填补电视节目因时间限制而造成的遗漏，内容更加翔实，细节更加生动，让那些觉得创业有地域差异的人，彻底没有了退路。一切发生在身边的改变，才是最有力的例证。

曾经在春节晚会上看到调侃《艺术人生》栏目的小品，总结这个节目的规律为："套近乎，忆童年，拿照片，把情煽。"言外之意，这些优秀人经历都是一样的，平庸的人则各有不同。创业就是把自己喜欢的东西做到极致，并得到最大多数人的认可接受。这里的规律是首先自己喜欢，其次是做到极致，最后是大家接受。每一步都不容易。这也就是大家喜欢《致富经》的原因——成功的创业者都有传奇的人生经历。一些主人公在我们看来，甚至有被打入地狱不得翻身的感觉，但最终他们都得以峰回路转，赢得辉煌。

越来越多的传奇，就意味着事件的普遍。《致富经》就是要告诉你，创造令人羡慕的财富，你也能！

中国最普通的老百姓，几乎零起步，无资金、无人脉、无技术、无文化，甚至无劳力，凭借他们无路可退的韧劲，合理利用国家政策，为自己赢得了财富；同时，一些"合作社"、"协会"、"股份公司"等组织的建立，又表明他们在带动更多的人走向富裕；中国作为一个农业大国，拥有无尽的资源与最有力的国家扶持。于己，于家，于人，于国，这种强大的外部驱动力，会让更多的人投身创业，推动创业，从而实现整个国家经济结构的调整。

看着这部书稿，我有一种和创业者当面交流的感觉。阅读别人的人生，比照自己的境况，会获得更大的心理支持。人生而不同，但追求改变的愿望是一致的。细品每一位创业者的故事，都能看出他们发自内心、毫无保留的经验分享：经营管理、营销知识、技术传授……财富在累积，本性依然纯朴。因为他们深知每一位想投身创业的人的今天，就是他们刚刚走过的昨天。每个人都向往更加光辉的明天。

把《创业中国》系列节目内容转化为书出版，让这些优秀创业者的经营故事与更多的人分享，为此我感到由衷的欣慰。将电视节目做成纸质平面传播，加入更加详细的补充采访，这就是一部能留存下来的记录在"城乡统筹"政策背景下的中国创业历史。作为历史的记录者和见证者，《致富经》在倡导创业行动与激发大众创业精神方面，值得肯定。

中国农业电影电视中心总编辑　赵泽琨

这是一本什么样的书

如果您也想创业，但是还没有行动起来；或者您已经有了一份事业，还想再找个新的项目，您最好看看这套丛书，应该能给您一些启发、借鉴，或者引发您的思考。

这是一套讲述当下中国草根创业者真实创业故事的系列丛书。书中的创业者都根植于基层，艰苦奋斗，充分挖掘自身潜能，成功创业。他们创造了时代的需求，是这个时代当之无愧的创业榜样。

这套丛书源于大型电视系列节目《创业中国》。该节目从各省市创业活跃地区的百姓创业典型中，由摄制组与合作部门精心遴选创业人物，分省市集中拍摄报道。策划这个系列节的目的是为了弘扬创业精神、分享创业智慧、激发创业活力，带动更多的人创业。

我们在遴选这些创业人物的时候，一个重要的标准就是他一定要有典型性，必须是百姓身边当之无愧的创业明星。每次遴选，我们一般都要实地走访 50 到 100 位当地推荐的优秀创业者，然后与省级相关部门共同确定采访报道对象。

这套丛书的内容远比电视节目更丰富。《致富经》每期节目的制作周期为一个月，记者跟踪创业人物采访需要 10 天左右，拍摄近 20 个小时的视频素材，最后剪辑成 25 分钟的电视节目。采访到的大量素材没能用上。这套丛书除了将所有采访素材进行编辑整理之外，为了进一步丰富本书内容，编者还对创业人物进行了二次采访。

您可能看到，这些创业人物大部分从事的是涉农项目，或出身农村，这和台里规定的《致富经》栏目的内容定位有关。现在是统筹城乡发展的新时代，城乡之间的人流、物流、资金流从未像今天这样活跃。城乡之间的很多创业项目关联度很高，让他们的创业经验非常值得参考。

　　党的十八大报告指出，要"促进工业化、信息化、城镇化、农业现代化同步发展"，这已经成为建设小康社会的载体，其中的城镇化与农业现代化相辅相成，这里面蕴藏着无限商机。

　　别人的创业项目不可以照搬，但别人的致富经验一定要参考！这些创业典型的基本特征是：出身草根、起点较低，行动力强，执着于梦想，不怕失败，勇于坚持，善于在失败中吸取教训，擅长在日常生活中发现商机。他们身上表现出的百折不挠、勇于创新、与时俱进、成就梦想的奋斗精神，正是我们这个时代需要的优秀品质。

　　创业就是创造价值，创业是一种生活方式。开卷有益，衷心地希望本书对您有用。

中央电视台《致富经》栏目制片人　冯　克

目 录

创业中国

填满财富的大坑

　　15岁从农村考上大学，大学毕业即拥有了自己的公司，小有盈余，年纪轻轻就显现出成功创业苗头，他是如何做到的？突然有一天卖货处理公司回乡创业，是什么项目诱惑让他做出如此大胆的抉择？年轻人的敢拼敢闯，让他无所顾忌。面对不确定的未来，本文主人公马伟国踏上创业之路，与众多创业者站在了同一起跑线上，最终，他为什么会赢？

　　揭开马伟国成功创业之谜，成了包括记者在内所有人最关心的事情。

沈子莉　张华君　文/图

大学毕业走上创业路

"如果没有发现现在这个项目，我想我会挣点钱再考虑回来的事，或许过 3 年、5 年。当时上大学的时候就想，反正早晚有一天我要回家。"

在河南省周口市淮阳县马庄村，15 岁就上大学的马伟国算得上是当地的名人。众星捧月般，他来到西安交通大学——他梦寐以求的地方。"我想去西安。有一个朋友在西安，他说这个城市发展得比较好，消费水平也不高，环境也不复杂。"大学毕业后，马伟国留在了西安。与其他同学一样，开始了找工作养活自己，做好在异乡扎根的准备。

从打工开始挣着几千元的工资，到和两个朋友一起创业做啤酒销售代理，马伟国的事业开始日渐上路。几年时间过后，尤其是自己创业后，他却越加感到孤独与不适。"在那儿工作了几年，感觉西安那个地方适宜生活，因为消费水平基本上和我们县城差不多，却不适合自己创业。没有任何人脉关系，做事也没有人指导，只能凭自己的感觉去跑市场，做宣传。尤其是下班回到住的地方，一切都感觉冷冰冰的，没有亲情的温暖。不像在家里，碰到庄里的人都能打个招呼，说上几句话。"但村里所有的人，都在羡慕马伟国的成功，他们努力教育自己的子女向他看齐。特别是在爷爷七十大寿时，刚毕业一年的马伟国，就开着自己的车回到庄里，让父母走到哪里都风光十足。但是，没有人明白马伟国的痛苦。从小在农村长大的他，走进了大城市，马伟国始终感觉心还是在家里。"小时候，家里很穷，上大学后去了比较发达的西安，却总想有一天回家开家什么厂，带动很多人挣钱、致富"。

转机发生在马伟国去山东的路上。"我坐火车到山东联系业务，早晨一醒来，透过火车车窗看到外面全部都是大棚，还有棉被，还有棚上一个个的卷帘机。当时我还不知道那个卷帘机是什么东西，一捆一捆的。下火车后，我把该跑的业务跑完了，就联系我以前的朋友，他当时在寿光一个物流园里面卖种子。"马伟国带着顺道看看朋友的想法来到蔬菜物流园。好奇心驱使他急切地想解开在火车上看到的画面。"我说在来的火车上看到这里有好多大棚，我说那是啥？他说那是种蔬菜的，

我就让他带我去看看。当时他带我去的地方是孙家集的三元朱村。"

去三元朱村的路上，可让马伟国开了眼。一路上，农家院里停的都是奔驰、宝马等名车。朋友跟他说，这些都是做大棚的，这里几乎家家户户都是楼房。这是2008年，在马伟国的家乡，却只有一两户人家盖了楼房。巨大的反差，强烈地冲击着马伟国的神经。

"这种大棚是建在地下的温室大棚，通过向地下挖1.5米的大坑，白天利用地温和墙体吸热，晚上靠棚上的棉被保暖，就算冬天也可以保证夏季蔬菜的正常生长，而常见的地上大棚不具备这个功能。当时看到一个大棚种的是黄瓜，我问他们一个棚一年能卖多少钱？他说除了人工，农药、种子、肥料，一个棚大概能赚七八万元。当时我就想，我们做啤酒代理，1个月挣一万多块钱，累得跟什么似的。在公司上班，一个月也就是几千块钱，天天也忙得团团转。人家那还只是一个棚，就能挣这么多。本来我只想出差两三天时间，最后我在这里转了一个星期，跑了好多种大棚的专业村。"

一周跑下来，马伟国对这个项目越来越动心。一心想回到老家的他，有了自己的考虑。"当时我就想，每家做一两个甚至十个都没问题。这里的发展模式是公司加农户。我问我朋友，这些蔬菜都销往哪些地方，他说有的成立了公司，专门收购老百姓的蔬菜，再到蔬菜物流园去卖。中间挣5分或者1毛差价，因为量大，收益非常可观。当时我就想，要把这个大棚复制到我老家去。我朋友也说，你在你们那里也可以做，不过要考虑好，温室大棚资金投入大，但是回收也快。"

在这一个星期里，朋友忙着自己的事，马伟国就对大棚蔬菜种植进行详细的了解。大棚的建设材料，建大棚的技巧，农民的收益，销售渠道，经营方式等，都被他摸得一清二楚。"农民给我算了一笔账，他说一个大棚有6000多棵黄瓜苗，一棵苗能产6个月，每棵苗1个月挣1块钱，就是6块钱，6000多棵苗就是将近4万元的纯收益。这中间还可以套种苦瓜，3月份把黄瓜秧拔掉，让它结苦瓜，这种苦瓜专门供应出口。"听着农民算账，马伟国心绪沸腾。"我肯定要回去建大棚，盖了之后别人看到我挣钱了，自然也会跟着搞。他们搞，挣钱了的同时，我到时候也搞得多了、大了，就成立蔬菜销售公司。每1斤挣5分钱，一年下来也有不少钱。100个大棚，一年能产700万~900万斤蔬菜。"而且蔬菜基本上不愁卖，从棚里拉出来，就有人专门来收购，简直就是农民在地里捡钱嘛。这更加坚定了马伟国建大棚的信心和决心。

"当时我从山东回来，没有回西安，就直接回老家了。到家里没跟我爸说，先跟我妈说了在山东看温室大棚的事情。"虽然，按捺不住内心的激动心情，但马伟国还是想把这件事情做得稳妥一些。先回来给父母打个"预防针"，以免突然回来，让他们受不了。

可以想象，马伟国建大棚的决定让整个家庭光宗耀祖的希望"破灭了"。从风光的老板变成回乡做面朝黄土背朝天的农民，如此落差，让包括马伟国的父母在内的人肯定受不了。但激情满怀的马伟国一心想着大棚事业，根本就没有时间来思考这些外界干扰。

回乡挖坑，惊扰四邻

"我妈说，你是不是在外面干了什么？我说，不是。那你回来干吗？我说我就是要搞蔬菜大棚。我妈说，那你西安那边的事情呢？我说都处理好了。她说你也不打个招呼。听她这么一说，瞬间我感觉到了她的不舒服。你出去在外面闯出名堂了，在农村，是很有面子的事情。后来我就想明白了，其实当时回来没有为家人想到这些，别人会怎么看，会怎么说，心里感觉挺对不起我妈的。"

从老家回到西安后，马伟国立即关掉了公司。"我当时在山东就想，回去要把西安的事情全部停掉，把自己的后路断了。不要回去遇到困难或者什么解决不了的问题，就想到这边还有退路就想着放弃。"用了一周时间，马伟国把西安的货品和各种渠道关系处理得干干净净。"公司的啤酒全部低价转让，办公桌什么的都卖给收二手家具的。基本上别人愿意收的，除了我的被子、衣服，还有平常用的都处理了。"

从陕西西安到河南周口的高速路上，一辆满载着创业希望的破吉普在行进，雄浑的音乐不时从车窗里面飘出来。车里正是马伟国和他的两个创业合伙人。"回来的一路上我挺高兴的。我跟他们讲，我终于回家了，他们还不太高兴说你指不定回到家里面是什么前景呢。我说乐观点儿，不要想那么多。我把车开到潼关，一个朋友接着开，然后我就睡觉。我朋友说，你也能睡着？我说天塌了，个儿高的顶着呢，我不怕。车经过大概12个小时的颠簸，晚上七八点钟时到家了。"

年轻人冲动的创业兴奋劲是一般人无法理解的。为了实现自己的梦想和愿望，他们往往会不顾一切地向前冲，安稳和一成不变不是他们的追求。创造和寻找狂放的刺激，才是他们的印记。

马伟国如此大的人生转折，自然会让家人邻里另眼相看。"到家了，我爸妈正往猪场走，我把车停在门口，推门喊了声'妈'。你们咋回来了？他们突然看到我感到非常诧异。我爸说前几天不是刚回来了吗，我说又回来了。因为我一般不跟我爸说事，然后我爸看了我一眼就走了。我就跟我妈说我把公司卖了。我妈一听愣住了，把公司卖了？当时，我感觉她心里面特别不舒服。我跟我妈说，我已经做决定了，肯定不会再回去了。我妈说是不是在那边遇到什么不高兴的事或者过不去的事，我说不是，就我上次跟你说的大棚。"

马伟国的妈妈便没再说一句话，低着头往猪场走去。此时的马伟国才猛然间发现自己的行为，给家人带来了伤害。"我也想到回去之后肯定要面对很大的压力，我认为压力主要来自我爸，因为他爱发脾气，但这个事最多骂我几句也就完了。我没有考虑我妈，因为我上一次回来已经跟我妈说了，但没想到她那么难受。"说到当初冲动回家的事情，马伟国流下了眼泪。既然已经回来了，只有继续做妈妈的工作。"我说，妈，我在外面干一辈子，也是一直漂着。我选择回来，是认为在外面能干成事情，在家里也同样能干成。我妈说你没干过这种事呀，我说什么事都是可以学习的。我妈最后说你要是考虑好了，就干吧。"

正当马伟国跟妈妈说话的时候，他爸爸回来了。"爸说，你回来干吗？我就跟他说了大棚的事。我爸早饭都没吃，摔门就走了，那一天我都没见到他，好长时间都没搭理我。"然而，马伟国必须要说服他爸爸，并得到他的支持。因为建一个大棚需要5万元钱，他手上的那点钱，根本不够。"最后还是我妈跟我爸说，儿子现在已经回来了，意思是让他必须面对这个既成的事实。"毕竟是父子，经过一段时间的沉默，父亲也同意了。

"那天晚上，我们坐在一起吃饭。我爸问我，你回来不后悔？我看他这样说话了，感觉到他心里面接受了，我说不后悔，已经考虑好了。我就把这个事情前前后后给他讲了一下，然后让他跟我一起去山东看一看。第三天，我们就去了寿光。"

从寿光回来，父亲的态度顿时发生了转变。回到家里，父子俩开始筹办建大棚的事情。"当时开始干的时候，我带回来的钱不够。然后就让我爸给钱，最后他们把猪场的猪全卖了，当时猪价也不好都卖了，全家人就全部投入搞大棚了。"让马伟国没有想到的是，人家说 5 万元做一个大棚是在建设进入良性循环的前提下才行，而刚起步的他，前期耗费的资金非常大，远远超过了他的预期。两个跟着他干的朋友也各自散了去找自己的亲戚解决生计问题，这边马伟国和家人还得继续。后续的资金怎么办？只有借。

"好事不出门，坏事传千里"，马伟国回家当农民的事情，很快就在庄里传开了。"村里的人说我在西安肯定是待不下去了，在那边如果发展好了还会回来？现在他们在那边挖坑，说不定哪一天就把自己给埋了。"本来村子里的人就对马伟国辞职回家的事议论纷纷，一看到父亲挨家挨户去借钱，所有人都围上来指指点点，流言蜚语铺天盖地，3 个月前还是村里最风光的一家人，现在却沦为大家的笑柄，走到哪里都抬不起头。信念坚定的马伟国听到这些风言风语，不觉得有什么干扰，可是好面子的父亲却无法做到坦然。父亲实在被逼得受不了了，百般无奈之下，他做了一个令人意想不到的决定。这里是父亲生活了五十多年的家，为了躲避那些流言蜚语，他决定举家搬迁，到大坑旁边搭个临时板房居住，再也不愿踏进村子一步，而这个地方与村子只有一条马路之隔。"这三四年回家基本上有数的，不是一趟就是两趟"，母亲的话道出了家人为了马伟国实现自己的创业梦想所承受的压力。

但为了帮儿子实现梦想，父亲又不得不放下面子，顶着巨大的压力，硬着头皮回去借钱。马伟国也到处托关系借钱，只要能搭上话的人，他都找了个遍，就连挖大坑，也是找到朋友的朋友帮忙。靠着全家人的诚信和口碑，马伟国又赊来竹竿、棚膜，在欠了一身外债后，终于建起了 7 个大棚。

看到新采摘的蔬菜，马伟国一脸开心。

马伟国的生态蔬菜推广基地。

挖自己的坑，赚自己的钱

"有一个小贩大概下午四五点钟来了，车停到大棚公路边。我爸就给他装车，装完之后，菜贩把钱给他。我看到我爸数钱，一脸高兴。当时我就想，终于看到我爸笑了。"

大棚算是建好了，但接下来的日子才最难熬的。因为农作物都有生长过程，7个大棚的蔬菜寄托了马伟国一家人全部的希望。漫长的呵护与等待，让马伟国既要管理大棚里蔬菜的生长，还得应付各种上门要账的人。"在盖大棚时就有人来要账，我就跟他说，再等等，菜出来卖了就给你。"马伟国用表面的平静极力掩盖内心的担忧。"有时候也在问自己，是不是步子迈得大了点儿，是不是不该做这个事情？"这样的想法和咬牙坚持的信念一直在战斗，最终还是选择了坚持。"既然回来了，就要把这件事干成，让别人看到温室大棚是能挣钱的，还能够带着大家一起干。"

然而当时的现实，让全家过了一个最悲惨的年。"那一年过年没钱，腊月二十四时，棚里的苗也没有长多高。当时我爸就非常着急，发脾气了，就说干干干，咱们家从来没有这样过过年，自从你干了这事后，现在弄得，该过年了，一分钱都没有。我妹跟我妈一打电话，就吼着说，你败家的儿子跑哪去了，是不是没在家？然后我妈哭得不得了。后来，我妹回来买了一些过年的东西算是把年过了。"

虽然亲人和邻居都对马伟国感到失望，但他一直坚信这个项目美好的前景。棚里的苗却像是在和他们的期望较劲一样，没怎么见长。"当时肯定着急，为什么会这样呢？咨询了好多专家。因为栽上苗之后没多久就过年了，技术员也不在。技术员说，现在冬天冷，你那个棚有点小，再加上保暖设施也没有完全到位，就长得慢一点，但是它不会死，注意打药防虫就行。"有了技术员的这句话，马伟国的心也稍稍感到宽慰了些。"每天早上天一亮就起来，跑到棚里去看黄瓜是不是长高了。下午四五点钟，太阳马上要下山时把棚给盖上。黄瓜还是在长，但长得慢。"

过完年之后，整个情况就发生了极大的改变。"天气特别好，大概就是初一初

二，棚里面的温度高了，黄瓜就长得非常快。一过完年，正月十五十六时黄瓜就可以采摘了，口味特别好吃。因为我们用的都是鸡粪作肥料，基本上两天一个棚就能摘下两百来斤。"

很快就有菜贩把大棚围住。马伟国把所有次品都挑出来，只卖好的，不仅抓住了回头客，还在圈内赢得了口碑。"有什么拉什么，不上外地去了，俺就专门买他的菜。"蔬菜经销商朱伟说。"他告诉你东西好，就是最好的。像苦瓜，不好的被他全部都挑出来了，没有弯的和小的。"经销商张瑞华对马伟国的经营态度赞叹不已。"当时没有专门的包装箱子，就去买水果包装箱，1块钱1个。我把车座、后备厢，包括车顶上全装上箱子。卖箱子的人说，你是第一个开着车来买箱子的人。"

这7个大棚让马伟国一举收获了纯利润三十多万元，还清了所有外债。一家人的脸上终于绽放出了笑容。"小贩早上大概四五点钟过来收黄瓜。我们把黄瓜摘好，菜贩开着车，停在大棚边，我爸就给他们装车。装完之后人家把钱给他，我爸就在那里数钱，一脸的高兴，我终于看到我爸笑了。"

马伟国长长地松了口气。但以现在这个规模、产量，远不是他想要的。"我问我爸，怎么样？我爸说可以，我说还干不干？先别干了，就搞这么多，再干一年再说。但我想跟他说的是，我们发展的机会来了。一定要抓住机会，扩大规模。"

加快步伐扩大规模，整合力量迅猛发展

"现在每家每户都有棚，都能把菜卖出去。3年后呢，像我们淮阳市场，如果有500个大棚的蔬菜供应，根本就吃不完。这么多菜，农户不可能跑到很远的地方去卖，只有我们周边的这些批发商、经销商，他们买的量也是有限的。所以，他们卖不完，合作社就可以收购，在收购的过程中，咱们前期的渠道已经做好了，像武汉、安徽、南京，还有北京等地。"

7个大棚的蔬菜，慢慢地让马伟国尝到了甜头，他又陆陆续续地建了6个大棚。

马伟国指导大棚的检修工作。

引导藤蔓蔬菜爬藤。

4年时间，马伟国一直埋头种菜。2012年的一天，一个背着相机的人来到了他的大棚里，说要采访他。给马伟国拍照的人是中国新闻社的记者，他在新春走基层的时候发现了马伟国的地下温室大棚，便在网上做了一次专题报道。没想到这篇报道，得到了河南省委宣传部部长赵素萍的重视，要求大力宣传这一先进典型。马伟国红了，他摇身一变，成为当地鼎鼎有名的"蔬菜哥"，各种荣耀接踵而至，走到哪儿都风光十足，脸上充满了自信。

马伟国的父亲还没有从昔日创业穷困中走出来，一脸的担心。"我就跟我爸说，咱还要接着干。我爸说你现在这么多棚，一年挣个几十万可以了，我说这几十万太少了吧。我爸不同意我再去干。"马伟国根据自己对市场的分析，觉得应该加足马力地干。"我认为我的机会来了，以前的吉普卖了，我又买了一辆长城。就有好多人问我，他说你那大棚怎么样？到底能不能挣钱？肯定能挣钱。我说你算算，就年前，市场上黄瓜每斤都卖七八块了。"慢慢地，周围的农民开始停止了对大棚的排斥，看着富起来的马伟国，他们也开始动心了。

马伟国有自己的考虑和安排，"我在开始的时候，就发现一个问题。因为我们棚多了，就找了好个几人干。每次干完活之后，我自己干出来的和他们干出来的不一样。当时我就想，他们心里认为他是打工的，而不是自己的东西。而我栽每一棵苗、浇水、打药都是很仔细的。他们就不会那样做。我打药一般是从下往上打，他们打药拿着药桶随便晃着走，不一样。"

如何带领大家一起致富，按这种状况做下去，肯定无法实现。"当时我的考虑就是，让他们自己把大棚建起来，因为大棚是自己的，他们就会认认真真地去干每一件事情。如果他们的菜卖不完，我可以回收，帮他卖，这样，他们就没有后顾之忧了。"

于是，利用自己的名气和成功致富的事实，马伟国开始努力说服周围的农民一起挖坑，搞大棚。为了坚定大家对大棚的信心，他召集来40多个人，花了3万元钱，包吃包住带他们去山东寿光考察。"山东厉害，家家都有车，有楼房。你都恨自己建得太晚了，都说赶紧弄，早弄早发家嘛。"农户许庭新去考察后回来说。

然而地下大棚的造价，已经由4年前的5万元涨到了10万元，令很多想加入的人都望而却步。很多村民想干却拿不出这么多钱。马伟国决定自己去贷款100万元，再免息借给没钱搞大棚的农民。经过银行的风险评估，10 个担保人只为马伟国争取到 45 万元贷款，他又拿出自己所有的积蓄，凑齐了 100 万元。马伟国希望家家户户都有大棚。他挑出 50 位有困难的农户，为每人垫资 2 万元，再给每人担保 3 万元贷款，这样就解决了 5 万元资金，每人只需要出剩下的 5 万元，就能建成一个造价 10 万元的大棚。等他们赚到钱以后，先还清银行贷款，马伟国垫资的 2 万元，一直免息，什么时候归还都行。

然而，这样一来，不就形成竞争了吗？对此，马伟国早有思考。"当时我就跟他们讲，现在他们每家每户都有棚，都能把菜高价卖出去。但 3 年后呢，一旦发展多了，像我们淮阳市场，如果有 500 个大棚的蔬菜供应，根本就吃不完。这么多菜，农户不可能跑到很远的地方去卖，只有我们周边的这些批发商、经销商，但买的量也是有限的。所以，他们卖不完，合作社就可以收购了，在收购的过程中，咱们前期的渠道已经做好了，现在像武汉、安徽、南京，还有北京等地。毕竟我上大学就是学的销售，知道再好的产品没有销路到最后也是一个死。"

这样的分析和考虑，很快让马伟国组建了合作社。"产量多了，前期的销路有了，把社员的菜全部统销，我就能挣钱了。如果你单独跑到某一个市场去，肯定会吃亏。本来谈好的价钱是一块五或者一块二、一块三，到那个地方就会给你降价，要么降 2 毛，要么降 1 毛，你吃亏了。没办法，你不可能拉回来，只有卖给他。"

2012 年，合作社建起 100 座地下大棚，带动了两百多位农户共同致富。

自证"好人"，财富再上台阶

"我当时心里面其实不舒服，感觉我付出了很大的努力去帮助他们，让他们致富，没想到我得到的却是这几个字。但是，我还是安慰我身边的朋友。因为他们只知道我加入合作社，就是一个合作关系，买菜卖菜关系。其实，合作社不是这样的，而是大家一起合作。"

2012 年冬季，大风异常猛烈，有几家农户正好在风口上，受灾严重，瓜苗全部被毁不说，大棚也受到损坏，辛苦了大半年却一无所获，就开始有人议论，是被

手提自己生产的蔬菜，马伟国甚是开心。

生态番茄果红肉厚，产量高。

马伟国骗了。"第二天一早我跟合作社的领导一起去救灾，到受灾的各个棚去看，看看棚的损失，都需要什么材料，该运的运过来，赶快救灾。跑了一上午，回去吃饭，走到车跟前，就看到有人在车后写了几个大字：你们不是好人。"

这几个字让忙碌了一上午的马伟国心里很不舒服。"我当时心里面其实不舒服，感觉我付出了很大的努力去帮助他们，让他们致富，没想到我得到的却是这几个字。但是，我还是安慰我身边的朋友。因为他们只知道我加入合作社，就是一个合作关系，买菜卖菜关系。其实，合作社不是这样的，而是大家一起合作。"

受灾之后，马伟国跑到民政部门去报告，看能否申请相关补助减少损失。但民政部门说他们不是农作物，不能提供。社员这边马上要过年，怎么办？"如果他们过不了年，明年就没法种，好不容易发展起来就可惜了。如果他们遇到困难就撒手不管，我是做不到的。而且也许通过这件事，把他们认为是涣散的组织，形成集体的力量，就是要让大家合到一起。"

马伟国一切的努力，都是要让所有的社员感受到集体的关怀。"当时我也没擦那几个字，跟我们工会主席说，上车吧，别看了。我感觉，还是没做好，如果做好了，别人也不会这样写，肯定有哪个地方做得不好。"看到这些曾经饱受争议的大坑，他决定免费帮农户修复大棚，还自己到处去借钱，给每家送去 3000 元钱过年。加上大棚修复的补贴，马伟国帮助近 50 家农户，总共出资近 20 万元。

"其实老百姓都是很纯朴的。能挣到钱，他们对你就感恩戴德，但是挣不到钱，就是天塌了一样。只要老百姓过得去，一般情况下还是很和气的。"年仅 26 岁的马伟国说得轻描淡写，对合作社里与农民打交道所受的委屈，年轻的他选择了默默承受。"我总感觉，既然回来了，不管能够带动多少人，只要他们愿意，跟着我干，我就帮助他们脱贫致富"。

农户全心全意加入合作社后，收购蔬菜比从前容易多了。马伟国每天都要将几千斤蔬菜统一销往周边各大批发市场，到 2013 年 6 月，合作社年销售额上千万元。现在，马伟国又开始了新的财富计划，他的 30 家蔬菜直营店将在城市小区盛大开业。

创业问答

记　者：您当初选择这个项目创业时有多大把握？

马伟国：当时去考察回来，认证之后，大概有八成。为什么没有百分之百把握呢？虽然说对这个项目从开始一直到最后完全了解，也只是了解了别人的种植和运作模式，但销售这一块，不知道咱这边的情况到底是怎么样的。回到家后，从建设、发展、资金、销售，中间如果有一个环节出现问题，这个项目就会遇到很大阻力。

记　者：您觉得到百分之多少的时候可以去做？

马伟国：到 95% 以上你才能去做。从开始一直到中途建设，再到后期发展，还有销售。最重要的环节就是销售，你产品再好，销售网络打不开，没有销路，等于白费心机。因为蔬菜，冬天的时候能储存三五天，转入夏季，你如果没有很好的销路，没有冷藏室、保鲜库，能储存一两天，到第三天估计都要坏掉。

记　者：您对销售蔬菜有什么建议？

马伟国：我建议，能有一个直销模式是最好的，从基地直接到直营店。这样的话，省去中间商、批发商，这一块利润比较大。

记　者：您的创业心得是什么？

马伟国：搞每一项或者做每一项事情的时候，首先要考虑到自己的承受能力，最好不要超出自己承受能力的20%～30%。资金、销售，还有承受能力。像我在做大棚的前期解决的各项问题，欠别人款啊，别人急着要钱菜长不出来啊，或者你菜种出来之后销不出去啊，这些都是问题。在你承受不了的时候，就要找人重组或者先放弃一点，别再做这么多，做一年或者两年，通过努力再去发展。如果说你承受不了了，你还要硬扛着的话，有可能你会惨的，败得很惨。

记　者：您的建议是，遇到错误的时候要去改，而不是一路走到底？

马伟国：对，遇到错误的时候，一定要去改变。创业过程中，带领的人先要把定位找准，将来要往哪一个方向去努力，就照这个方向一直走下去。

记　者：您觉得创业需要具备哪些条件？

马伟国：第一是亲朋好友和家人的支持；第二是资金的支持；第三是社会的需求；第四是做的渠道。渠道就是进和出，像我种蔬菜，原材料我用什么，我从哪个地方进比较便宜，我卖的时候怎样卖一个高价。

我感觉每一个创业者都是为了挣钱，或者能有一个好的生活，挣到钱之后能住上好房子，买好车。但是我感觉当自己有钱的时候，就是为了实现自己小时候的梦想，因为在你小时候你有很多很多梦想都实现不了。

记　者：您创业的目的是什么？

马伟国：我创业的目的就是能够带动我们这边老百姓都富起来。除了这个以外，就是实现我小时候的梦想。养一池金鱼啊，养一条非常听话的狗啊，能到什么名胜区去旅游啊，到国外看看外面的风景。我还特别想把我们的小学改造改造。从我小学三年级回到老家的时候，房子都是瓦房，地全部都是泥土，然后当时就想去改变它。

记　者：您认为创业者应该具备什么样的素质？

马伟国：最主要的素质就是，无论你做商业还是农业，最主要的就是诚信。做人要有责任，无论对自己、对社会，还是对别人。

门神变财神

  王永才的成功，是"逢山开道，遇水搭桥"式的成功，是一个老实人的成功逆袭。他每走一步，都没有投机取巧的机会，唯有迎头硬上。做事屡打倒，起步不算早，行业也不新，生产没技术，投入靠借钱……在实业经营的历程中，他一步一个脚印，在河南这块以农业为主体的大地上，踏出了自己的工业化道路。取得今天的成绩，也就用了5年左右时间，王永才用企业实力证明了自己的能力。

  济源市北靠太行山，西临王屋山古有"愚公移山"的传说，现有王永才的创业传奇。王永才以他的执着和不达目的不罢休的精神，堪称"创业愚公"。

杨葳　程诗雄　文/图

一盆水浇出"门神"

"门出了问题叫我去看。一走进客户家门，我正弯腰看的时候，男的一脚朝我后背踹来，当时我就趴到地上了。他老婆端了一盆水从我头上倒下来，嘴里还说，你说你这门不怕水，我看是你这人不怕水。当时我没有反抗。回来就想，我一定要把这个状况改变了，我做的门一定是不怕水的。"

和所有为了生活打拼的人一样，王永才也有过很长一段在黑暗中摸索的岁月。"济源市位于河南省西北部，黄河北岸，邻接山西晋城市，是全国重要的铅锌深加工基地和电力能源基地、中西部地区重要的矿用电器生产基地和煤化工基地"。这一段从"百度百科"上得来的材料，让记者在采访王永才之后发现，他以前所从事的行业项目，都紧扣着当地资源。

"他家里凑钱买了一台车搞运输，每天跟着司机出车，到山西拉煤。刚开始的时候很挣钱，后来搞运输的人多了，司机也越来越贵，激烈竞争让货源也日趋紧张，生意越来越不好做了。他在开大车的过程中接触了很多朋友，他们都利用当地矿产资源来发展，有炼铅的，有炼镍的。结果搞了一年多的运输之后，他又跑去开矿了。矿没搞多久，就遇到了国家大力整治环境污染，像他这种小冶炼厂，必须关停。2007 年下半年，他就退出了，据说还欠了几十万债务。"在记者采访时，王永才的一个朋友以多年对他的观察，告诉了我们王永才当年的经历。朋友说得轻描淡写，但事实比这要残酷得多。"搞运输的时候就开始欠账，还有在别的地方投资入股，后来做金属行业，其他厂投的资都赔掉了。干啥啥不行，用我们济源话说，到处都是窟窿，补不住，外债累累。"可以说是越垒越高的债务，逼迫着王永才不断地寻找新的经济增长点。他辛勤地钻营着各种可能的机会和项目。

"从金属行业退出来以后，我就打听到装修行业非常挣钱，所以我才选择装修行业，就是做门。一来是投入少，投入一二十万，一年能挣个十万八万就行了，就

王永才检查板材质量。

对于生产，王永才总是认真谨慎。

是这样的心态去做的。听人家说这种门是高分子的，是环保材料，不怕水不怕火。"王永才觉得做门太容易了。"几块木头往中间一拼，两边一正，中间一弄就成了门。这个门非常好做，不是木工都会做"。但是当他准备拉朋友入伙一起干的时候，朋友可不这么认为。"当时他找我合作的时候，就是那个高分子门项目。我看不行，没有前途。因为装修行业我做了快 20 年了，对于各种材料我都相当了解，它的前景有多大，生命周期有多长，我都特别了解。"

其实王永才也知道，这所谓的高分子门就是骗人的玩意儿。"门两边是塑料皮的，中间是纸。生产的时候不能让别人看见，不能让用户看见，只有自己知道里面是什么东西，如果用户一看到他就不要了。里边其实就是两张板一接就成了。在当时我想寻找环保项目嘛，他们告诉我们都是这样做的。我也不懂，就把汽车卖了 15 万元学做门的技术。大约做了有 6 个月左右，卖出的门就出现问题了。"用这种侥幸心理做长久生产的实业产品，自然是经不起用户检验的，出现问题也是迟早的事。他们还打出了宣传广告，宣称产品绝对环保，不怕水，不怕火。"因为生产这种产品的人都是这样说的，就照着人家的做。当时一个客户来电话把我叫去，他说门坏了。到他家一看，卫生间的门开胶了，我也吃了一惊。我低着头正看门的质量情况时，那个男的一脚从后背就把我踹趴下了。旁边他老婆顺手把洗脸盆的水，从我头上倒下来。还说，你说你的门不怕水，我看看是不是你的人不怕水。"这兜头的一盆水，让王永才打了一激灵，衣服裤子全湿透了，很是狼狈。他慢慢站起身来，没有说一句话，也没有反抗，走出了客户家门。后来跟他协商，客户用5000多元钱买的门，让王永才赔了1.2万元。

"我没有跟人家反抗，回来就想，坚决要把这个状况给改变了。我做的门一定一次成型，是不怕水的！"如果说原来的经营亏损，对王永才只是金钱上的损失，那么这次质量事故，对他就是身体上的伤害了。醍醐灌顶式的现场教育，让他对产品的质量问题刻骨铭心。迷茫与慌不择路，是王永才这个项目失败的最大原因。哪里跌倒，就在哪里爬起来。"那我就要生产出环保、不怕水、不怕火的门出来"。

门里的故事

"当时在建材城拿到这个东西以后，人家跟我讲这个东西不怕水，不怕火，还环保，我不相信，他讲了这种材料很多都不怕。我就拿回家做试验。弄个玻璃鱼缸，把它丢到里面，在里边养了小鱼。我要亲自证明它是不是真的不怕水、环保。泡了一个多月后捞出来，水质还是清的，没有变色，鱼也活得好好的，证明这东西的确很好。"

一盆水把王永才浇了个透。同时，也把他的整个家底冲得干干净净。这种骗人技术生产出来的不合格产品，再次让他陷入了困境。如果继续做？做什么？如果不继续做，欠的债怎么还？"后半生怎么生活，老婆孩子怎么办？作为一个男人，你跌倒了必须爬起来。"但更为严重的是，生产高分子门之前，还有一台汽车跑点生活费。这次失败之后，每天生活费都没有了，如果不干，后果将会怎样？

"没路可走了，到那时候要钱没钱。后头跟一大帮人问你要钱，你说你怎么活啊？人走到最尽头的时候，就必须得拼一把，如果拐回来了，你就是一个胜者。只有干才有希望还账，不干，账永远还不掉"。王永才又继续走在了创业寻找项目的征途上。

这一次，有了高分子门的难忘经历，他想延续这条路，找到不怕水、一次成型的产品。

循着这两个标准，2008 年年初，王永才开始到各个建材市场转悠。有行内人士跟他说木塑门是一次成型的，这引起了王永才的注意。从没有听过这种产品的他觉得很新鲜，很想找来看一看。"跑了很多建材市场，只有一家给我拿了个东西出来，也就是一根门套。店主说这就是木塑，不怕水、不怕泡、环保。"高分子也说是环保的，这次王永才多了个心眼。"人家告诉我这就是木塑，我都不认得。拿到东西以后，我就回家用玻璃鱼缸做试验。把木塑丢到里面，还放了几条鱼进去。怕不怕水，我得亲自见证。一个多月时间，捞出来一看，还真是不怕水，水质清澈，鱼也没死。我觉得这个东西的确好，真环保。"王永才从网上再一搜索，大体了解了木塑，就是用聚乙烯、聚丙烯和聚氯乙烯等代替通常的树脂胶粘剂，与超过35%的木粉、稻壳、秸秆等废植物纤维混合成的新的木质材料，再经挤压、模压、注射成型等塑料加工工艺生产出的板材或型材。产品具有防火、防水、高腐蚀、耐潮湿、不被虫蛀、不长真菌、耐酸碱、无毒害、无污染等优良性能，维护费用低。"这是我想找的东西，已经找到了。"项目是找到了，但债台高筑的家，连一点启动资金都没有。怎么办？借。

"我找到这个东西以后，怎么生产出来？它是采用塑料挤出机生产的，所以我跟原来做塑料管的厂家联系，他们的设备是在什么地方买的，模具是怎么做的。考察设备，考察模具，考察配方。我粗略估算了一下，这项目的启动资金将近 300 万。我当时一分钱都没有，必须靠借，才能做成。"这是王永才面临的第一道难关。

"当时我想，我现在已经 42 岁了，如果这次企业搞不好，我的一生就没机会了，退出去，再走两年或者几年，已经四十五六岁了，还怎么创业。当时对这个项目也不是看准了，就是赌一把，没办法，没有路可以走。装修行业非常挣钱，走进去又栽一跟头，还得爬起来往前走，不管前面的路怎么样。那个时候我坚定，必须把这个行业做好。如果做不成，要么变成一个打工者，给别人打工，要么变成要饭的，要么回家农村种地，就是这几条路了。"但是 300 万元毕竟不是一个小数目，能不能从小一点的项目开始呢？"10 万元、20 万元的项目成功了还是得挨打，这个项目要做成，就可以改变这种状况。投资干大的也不干缺德事"。

从此，王永才走上了借钱的道路。但是做啥啥不成的他，借钱何其难？更何况是旧债未销，新债又起。"当时只要有人借给我钱，哪怕给他磕个头都行。我去借朋友的钱，他说，你还借钱呢，你想想，你干哪个事情干成了？我钱借给你，能还得了吗，你还有脸借钱？"当然，既然王永才把这个事情做成了，那就证明当年还是有人愿意借钱给他的。但是，从他金额大小不等的借款凭条来看，过程一定相当曲折。

"2008 年的夏天，他跑了六七趟我家，我才借给他。当时先说做木塑，咱也不知道成不成，所以那个时候没敢借。最后他跑了几趟，说是做木塑门，家家户户都可用。我也是办厂做生意的，后来就借给他 10 万元。"

"非常难张口的，感觉到非常丢人。我来了几次都张不开口，吃了饭就走，走了又不甘心。走到门外，重新过来再喝茶，然后再走。这样没法张口，那天实在是等不及了，从来不喝酒的我，那天喝了点酒，一下子说出来了，当时两眼流泪，人家也非常感动，借了我一万多块钱。拿着这钱心里也难受，沉甸甸的。人家借给你，是血汗钱借给你了。如果我的生意再做赔了，最后还不了人家怎么办？心里是这样想，压力更大。感到必须把这个生意做成。"

无论钱多钱少，10 万元不嫌多，几千元不嫌少。借钱圆梦，为了凑齐 300 万元的启动资金，王永才什么办法都用尽了。靠着这种执着的创业精神，感动了很多人。三番五次的诚意拜访和各种承诺，很多朋友亲戚们也愿意解囊相助。他最终得到了想要得到的支持。

所有的生产设备都到位了，怎样做出来？王永才头脑一片空白。这之前就见过木塑产品，从来没有看到过它的生产过程。"我到处找，只有上海有一家做这个门的，我们去了几次进不去。"王永才认为，有了生产设备，就有了一切。"我觉得别人能干成，我也能干成。人有多大胆就能干多大的事。火箭上天也是人干的，木塑又不是高科技。"靠着模具厂提供的简单配方，为节约费用，王永才自己亲自开始了木塑门的生产试验。

"混料是一锅一锅的，100 公斤配好以后，进行搅拌，然后加到机器里面通过挤压出来，成为板材，然后在砂光机上一砂，检测一下它的硬度、强度、韧性，如果不行，就再加点树脂和磨粉调制一下，再配再挤压。配料也不是乱配，每次配方只允许动 1~2 公斤或者半公斤，都是这样一次一次试出来的，一回就是搅一锅，100 公斤左右。"就这样前前后后，王永才试验了将近 3 个月时间，这是漫长的 3 个月。"我们晚上也要试设备，做到很晚。我没有天晴下雨，没有白天黑夜，没有节假日，所以说我们的 3 个月就是 6 个月"。产品一成型，王永才激动万分。"跪在那里想给它磕个响头，老天爷真有眼，让我们做出来了。干了这么长时间，费了这么多的心血，高兴啊，两眼流泪，我知道我能把欠所有人的钱还掉，我的信誉不会丢掉的。我说过，只要我的企业干大了，曾经帮助过我的人，曾经在我身边待过的人，陪着我的人，我一定会帮助他们。我一直是这样想的。当时帮助我的 1 分钱，是顶 10 块钱在用。应该怀着一颗感恩的心来做事。"

成功做出了产品的消息，不仅让王永才激动万分，更让他的债主们看到了希望。正如王永才承诺的，只要产品出来了，他就可以以这种产品打开市场，赢得财富。但面对这款产品，和他当年第一次看到它一样，客户也一脸茫然。

炼门

"那一天是我人生道路改变最关键的一天。如果我那场破坏性实验没人看，或是搞砸了的话，就全盘都完了。所以那天也是一个巧合，也是老天爷助我，搞得非常成功，从宣传上、人力上和实验过程，都比较成功。"

第一批产品做出来之后，王永才兴奋异常。他认为，"只要把产品做好，哪有卖不出去的？"事实却不像王永才想得那么简单。"在国际商贸城租了一个门面。我们是全商贸城刚建成进驻的第一家店，我们一开业，很多人都不知道什么叫木塑，卖给谁？很多人都不敢用，我几十万块钱买一套房，把门装上，如果不能用，全部完工了，我还得重新装。当时我想，开始我就不要钱，如果把门装在你的房上，出现质量问题，我全部负责。人家说，你拿什么负责？"产品做好后，做了将近3个月，没人要。王永才当初产品面世时的激情，渐渐被产品的滞销所带来的恐慌占据了。"天天晚上睡觉都在想，最后也是束手无策"。

销售四下无门的他开始乱投医了。"当时北京一个策划公司，他说只要50万元，绝对让你一年销售额达到500万～1000万元。我心想非常好，50万元换来1000万元，这很划得来呀。当时没钱，也到处借钱，筹了几万块钱交给他们了。回到家一问，所有的周边朋友都说这个不行的，他给你做的都是理论，没有市场经验，肯定卖不出去。后来我就听朋友劝告，不让他们做了。结果对方还把我告上法院，说我违约了。最后我还赔了将近3万块钱，才把这个事了结。交了几万块钱学费，到处碰钉子，回来还得自己去做。"

走了各种道，想了很多法，都不管用。王永才把几个朋友请来，一起聊一下，看能不能帮他出出主意。"他们说，人家把门竖在店面里，客户来看一看，一对上眼就装上了，你的为什么卖不出去。跟他们讲，我的是木塑，其他门是传统的，卖多少年了。我可以说，济源市区62万人口，现在恐怕知道什么叫木塑的不超过10个人，你说怎么卖出去啊？最后，大家觉得，既然你的门比传统的门有这么多优势，那就摆出来让大家看一下，搞一次破坏试验。"

为了这次试验，王永才可谓做足了功课。"为了检验木塑门的结实程度，就在家里面用个小车压，从小车上到大车，从大车放到公路上的大车，最后才上到压路机，这样才琢磨出来的"。为了让自己的活动更有效果，王永才提前几天就租了车，在车上挂满了条幅在市场里转。"他们公司做了一个抗压试验，用26吨压路机从门板上压过去。压门的时候，有好多种门，不光是自家的木塑门，在市场上还采购不同的门。把几个不同材料的门都放在一起，一辆前面挂着红条幅，上面写26吨压路机，然后从所有的门上面压过去，我看到木塑门基本上没有损伤，其他的门都已经压坏了；后来还加了一把火，把几种门都放在火上烧。当时所有的门都燃烧了，火焰都高，燃烧一会儿，其他的木门还在继续燃烧，木塑门已经不再燃烧了。"这是当时一个在现场的人描述王永才的破坏试验。"据我听别人讲，这个门在活动之前卖不出去，不是说门不好，人们都不知道这个门，没人买。有的人也看，但是看看都走了，感觉这个东西不敢尝试。大家亲眼看见了破坏试验，感觉到

心里面踏实了，当场就交了定金。那次活动，当时的电视台报道了，后来还持续报道了一段时间。据我了解现在济源人，没有人不知道新兴木塑的。"

这位在现场的人，只看到了最后火爆的结果，却不知道王永才的心情所经历的一番起伏。"2009 年 8 月 16 日，我们做了破坏性试验。就是先找一帮人唱唱歌，蹦蹦跳跳。当时大概 12 点钟我们把棚子搭好，下午 2 点钟开始宣传，还加上了演出，可是都没人来看，大路边一个人都没有。正在这个时候，我觉得真是老天爷长眼，下雨了。一下雨，很多人都集中到商贸城的下面避雨。当时因为正在演出，避个雨还可以看演出，我又去搞了 10 个太阳伞。大概下午 4 点钟开始破坏性试验，看到现场大概有五百多人了，我的心里面特别高兴。试验非常成功。很多人一看试验结果，马上就下了订单。今年还出现了一个 2009 年的订单，过去 5 年了现在才装门的。说当时我看好你的门，但我的房还没弄好，今年才弄好，你那次说的话算不算数？我说肯定算数。"

这一天是王永才人生道路改变最关键的一天。"如果那场破坏性试验没人来看，或搞砸的话，就全盘都完了。所以那天也是一个巧合，老天爷助我，搞得非常成功。"

打开大门做建筑

"这条新闻给我带来了一个商机，就是建筑模板。很多楼房都要用建筑模板，现在不让用预制板，我们就开始研发建筑模板。模板毕竟是木头，虽然很环保，但是对使用次数有要求。如果我们研制出新型模板，能回收，回收回来以后再加工再用，反复使用还形成了循环经济。"

2008 年建厂投产，经过短暂的市场前期困顿之后，2009 年 8 月 16 日，靠破坏试验在活动当天就订了十几万元的门。听说试验之后，很多人后来还跑到商贸城去找，问轧不破的门店在哪里。通过这个最具说服力的广告推广，王永才的木塑门在济源市打开了市场，2010 年的销售额就达到了 1000 万元。"现在，我可以这样说，除了西藏没有我的店，全国各省市都有我的店。我所有的欠账，从 2009 年到 2010

王永才与员工展示木塑门的承重性能。

快乐的木塑门"破坏试验"。

年年中，干点儿还点儿，都还给他们了。"

进入 2011 年，木塑门销量的快速增长，让王永才的心放稳了。无债一身轻，再加上生产销售也很稳定，过了多年提心吊胆日子的他，在朋友们看来，有了这一炮而红的木塑门事业，可以优哉游哉地过日子了。

"以前我就是那样想的。但后来企业做起来了，就强烈地感受到，企业必须得发展，没有发展就是死路一条。在 2011 年 4 月，我在网上看到一条新闻，说 2008 年汶川大地震以后，国家出台了一个政策，就是 3 层以上的楼房全部得用混凝土，不允许用砖混。这条新闻让我动了心思，我觉得我的发展机遇又来了。"原来的很多建筑是用预制板加砖搭建起来的，现在全部用混凝土结构浇铸，混凝土结构就必须用到建筑模板。王永才看到的商机正是用木塑做建筑模板开发。"以前用的都是木模板，只能用 3 次左右，成本高还浪费资源。我们能生产门肯定就能生产板材。建筑模板都用板材，这个市场用量太惊人了。所以我说我们要投入研发建筑模板。"

王永才的决定遭到了很多朋友的反对。"他们说你刚把这个企业做好，能挣到钱了，你又要折腾。我干事，不管你赞不赞成，我都要干的，必须得干，我发现商机不可能放弃。"王永才做的是一个国内才刚刚起步的项目，在他眼里，这和做门没什么区别，不外乎门是空心的，而这个是实心的。"技术还是挤压，模具换一下，配方调一下，当时就是这样想的。但做这个的难度确实比门要大一些。因为换成实心的了，板子的韧性、抗压、防紫外等方面都要考虑到，门毕竟是室内的，这个是要放在室外的。再一个还要再回收，回收回来还能不能用都要试验，这样又研究了四个多月。"在王永才眼里，一旦看准了的项目，似乎就没有干不成的事。其实过程中的困难，只有他自己知道。为了攻克这一个又一个技术难题，他住在厂里几个月不回家，家人意见很大。"有一次离婚协议书都写了。因为他整天忙，不在家，就我一个人带孩子。孩子发烧，打电话给他都没时间回来。我生气，和他吵了，然后就闹离婚。"妻子回忆道。

凭借这种执着精神，王永才把建筑用的木塑模板做出来了。怎么卖？用惯了木模板的建筑商，怎么来接受木塑模板？"当时很难，人家肯定不认可。每个行当都有自己的规矩，木头模板到哪个工地都销量好。我的木塑模板到哪个工地都不被认可。我去跟他们讲，我们的模板不会用坏，要用到 30 次以上，我们请客。就是要给他们证明，我的模板会给他降低成本。"为了试验产品销路，王永才做了两百多块模板，让朋友介绍一个工地先试用。"我的模板先不收钱，两百多张你先用，看究竟能用多少次，用这种模板铸出来的水泥强度和水泥的硬度，你再检验。最后浇铸出来以后，只要是用我们的模板做出来的，根本不用二次粉刷，直接上点儿涂料就可以用了。"

"2012 年 6 月，王总来跟我们谈，说让我们免费用一次。一听说免费的，肯定要用。因为我跟他也是朋友，好的话可以帮他推荐，用了之后还挺好。他的模板成本和木模板基本上是一样的，关键他还回收。这种模板卖一百多块钱，回收还给返还 40 元。这种模板的平整度好，不吸收水分。水分都留在柱子上了，再用薄膜把浇筑的混凝土包起来，达到了养护的效果。出来以后它还不需要二次粉刷，直接可以上涂料，省了一部分工钱。"好事传千里。朋友的使用论证，对王永才的木塑模板产生了强大的推动作用。现在，整个济源市场，超过一半的建筑商都在使用木塑模板。

木塑"吞象"收购战

"因为当时他（上海奔奔门业老板）想卖，我想买。我的想法是，第一我不买他的，他不敢关门。所以我用的方法是，如果你把这个厂卖给我，我现在没钱没法买，如果你要和我合作，咱俩可以谈一谈。他一开始说我销售多少，我说我现在不考虑这个，只考虑咱们怎样合作，把这个品牌继续做下去。我俩就谈条件，谈了几次，结果就以 5 个点成交。"

自从王永才朋友的工地试验了木塑模板获得成功之后，这个工地所有的模板都用了木塑板。接下来，连锁效应就产生了。"比如说这个工头儿他在这儿用这个板子，下次去别的工地的时候，就可以顺便把你的产品带过去。一看平面、硬度，质量非常好。现在可以这样说，木塑模板基本上在国内市场上还是个空白。因为模板的销售半径一般就是 600 公里之内，它要回收，有个运输成本。现在我们公司的模板大部分半径在 1000 公里之内，整个运营已经进入了良性循环。"

王永才在车间检查工作。

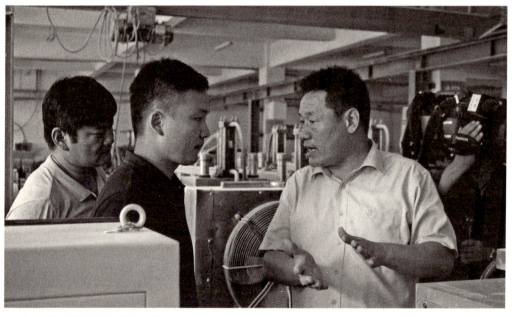

王永才对员工讲解技术要点。

　　木塑模板的成功，让王永才在中国木塑版图上又增添了新的生力军。随着产品的不断扩张，在木塑行业中，他的名气也越来越大。这时候，他得到了一个信息，"上海奔奔要卖"。上海奔奔门业有限公司，做了十几年的门，当时是行业绝对的第一。自1999年成功发明第一套木塑室内门以来，它一直引领着全球木塑行业的发展。目前，奔奔在中国拥有五百多家专卖店，七百多个销售网点。这家公司要卖，对王永才来说，简直是天方夜谭的事。"当时我心里想，为啥他干不下去了？是不是这个行业中出了什么问题？后来一打听，是人家不想再做这个行业了，把原来的老厂卖掉，做房地产，做资本运作，不想再干实业了。"既然他诚心要卖，王永才动起了心思。

　　很快，上海奔奔要卖的消息在行业内传开了。"他做的时间长，我一直称他是前辈。但是在这个行业中，没有比我再强的，除了我，没有人可以吃掉它。"自信的王永才此时想得更多的是，"如果他不干我怎么干下去？究竟是行业中出现什么问题了，还是产品出现什么问题。木塑行业他是老大，现在他把这面旗子交给我，我得举起旗子往前走了。"

　　在确认上海奔奔的卖厂行为一切正常之后，王永才决定去上海跟他们谈。"我坐飞机到上海，到了后，他跟我约下午见，等到下午又给我推到第二天早上，早上又推到下午，我还是坚持等他。等到下午终于见到了那个老板。老板当时的表现，对我们非常小看，你凭什么买我的厂，你有钱吗？人家没这么说，我能感觉到。当时我说你大概要卖多少钱？他说最少得1000万元，我说能少一点吗？800万元怎么样？他说不可能。那天大约谈了两个多小时，说明天下午有时间了再约你，咱们再谈。第二天等到中午，我想想不谈了，就回来了。"王永才觉得，对方报这1000万元是想吓退他，而他报800万元被拒绝，让对方看出自己迫切的心情而希望自己再抬价。"不是逗着玩，如果800万元，我就真心想要了。不是拿钱没事干了，就是想买他的市场。"看着对方的态度，王永才撤了。

　　双方一停就是一年多的时间。在这一年多时间里，王永才并没有闲着。不达目的不罢休的秉性，让他这个"创业愚公"再次显现本色。

　　"我没停。我到处跑，到处看，了解他的经销商。毕竟做了十多年，所有的经销商实力非常强大，像海南有一家每年销售额就在1000万元左右。所以说我看中

他的市场，想把他的市场收购过来。我把他的经销商全部调查了一遍，做生意要决心大才行。如果你老是看眼前的利益，肯定做不赢。"光有决心不行，还得有方法，王永才在奔奔经销商中，打开了收购的缺口。"我装作一个外地想做木塑的用户去了解市场。你们卖得怎么样？市场销售怎么样？假如你销售产品的这个厂不干了，你们怎么办？每个门店最少的都花四五十万装修门面。他们说，他敢不干吗？他不干都得赔偿我们的装修费。这一说，我心里更有底了。我回到家坐那儿不动，等啊等，终于机遇等来了。"

经过全面调查，王永才发现了奔奔门业公司的弱点。"他们绝对不敢不干，即便不干，他也得找个人把产品做下去。这样，经销商才不找他们的麻烦。如果突然关门不生产了，所有的经销商就要到厂里去要求赔偿，你赔得起吗？"王永才觉得，他们一定要在行业内找一家公司来接手。通过了解，奔奔一直在和很多企业接触，商谈出售，最可能的是一家浙江的企业。但王永才分析，"浙江那家没有那么大的规模，如果这个产品放到浙江，全国的物流成本增大了，而我在中原，不管货发哪里我都是中心，成本不会增加。同时，他考虑到位置，也考虑人品。你对这个行业热不热爱？能不能做成？还有一个关键因素是，很多厂都是合伙的，如果一有纠纷这个厂马上停掉。我这个厂是我个人的，没有什么负担，对他们产品的稳定生产有帮助。"

经过一年多时间的调查和周密分析，王永才已然成竹在胸，只等对方找上门来。果然，对方找上门来了。"找到我说，还是那些条件，就你说的800万卖给你吧，我说我不要了，现在没钱，不要了。"

对方也经过考察之后才出此下策，但看王永才这种态度，他们也知道自己的短板所在，只有由着王永才提条件了。"我的想法是，第一我要不买，他不敢关门。如果你想把这个厂卖给我，我现在没钱不能买。如果你要跟我合作，把这个品牌继续下去，那就可以谈。我说，你必须把这个顺顺利利交给我，让所有经销商知道是我生产的。如果合作，唯一的办法按每年销售量，给你提5个点。你说年销售收入6000万元，那你也有300万元的收入。如果这个条件行，咱们合作，不行就不谈了。当时他们跑了两趟，最后还是决定成交。"整个收购事件的结果是，王永才没有掏一分钱，就把中国最大的木塑门生产企业拿下了。

王永才觉得,这种方式是最公平的。这样,以企业真实的销售来定收益,大家都不吃亏。"不要装精明人,不要每件事都想占别人的便宜。凡事想得公平一点。不管什么事情都是拿良心证明事情。我跟员工讲过一句话,每个人做事上有天、下有地,中间是良心。不违背良心,什么都不怕。别人说,你有钱害不害怕有人劫你?我说我现在拉条席子睡在大路边我都不怕,因为我这一辈子没有坑过人,没有骗过人。"

2013年,自与上海奔奔合作后,新兴木塑每天都有新的变化,新的发展。公司厂房渐渐已不能满足生产需要了。2013年下半年,新兴木塑新征用3层厂房1处,使原有厂房面积整整扩大1倍,保证了产品备货充足,大大缩短了生产周期,在管理上严格执行标准化管理,实行责任追究制,使产品从生产到出厂环环相扣,人人把关,保证了产品质量。但是,王永才并没有就此止步,他要把木塑的特性发挥至极致。2014年,经过他亲自考察后,决定开发浴室柜项目,2月份成立研发部,专业生产浴室柜。"我就是要让大家看看我们的产品在最恶劣的环境下也很好,让他们放心。在木塑这条道路上我要走下去,我的目标是用木塑替代木材,木材能做的产品,木塑都要做,木材不能做的产品,木塑也要尝试着去做。2015年开发家具项目,2016年研发地板系列。到时家里装修,只要在我们公司转一圈,基本就采购齐全了。"王永才充满信心地说道。

创业问答

记　者:您创业有多大把握?

王永才:选择这个项目创业没有多大把握,不是把握有多大才去做,而是信心有多大,把握就有多大。别人说过一句话,只有赔钱的企业,没有赔钱的行业。只要你用心做,肯定能做成。我总觉得创业讲究"诚信"两个字。我跟员工讲,有4个字掏钱都买不来,第一是质量,第二是信誉。

记　者:在您创业过程中最后悔的事情是什么?

王永才:在创业中我最恨的就是我的脾气,脾气太暴。有的时候对员工说话可不客气了,这是我最后悔的。有时候开会,我脾气一上来,对员工说话就不留情,有时候人家干得好好的，我说停，就不让人家干了。其实就是用人所长，没人不用，用人所短，没人能用。

记　者：除了赚钱之外，还有哪些追求？

王永才：必须回报社会，所有你周边付出的人，必须得回报。

赵树英"光"发财

在员工眼里,他是个"犟人",认准的事,百折不挠,冲锋在前;

在客户眼里,他是个"能人",急人所难,务实能干,敢拼敢闯;

在记者眼里,他是个"怪人",不修边幅,生活简单,崇尚自然;

在同乡眼里,他是个"傻人",用灯杀虫,土地撂荒,胡思乱想。

他就是赵树英,一个多面的人,一个年销售额近2亿元的河南佳多公司董事长。

陈润森　颜志宏　文/图

从煤矿里发出的"光"

"人如果长期不见阳光的话，身上缺乏维生素 D，抑制钙和磷的吸收。身体骨质疏松，免疫力就会降低。我离开煤矿开第一家公司，就搞了一个专利——紫外线保健房。利用多支对人体无害的中波紫外线灯作光源，配以专门设计的控制电路，组装在一个可移动和拆卸的小房中。这就是我们佳多公司的第一桶金。"

1968 年，13 岁的赵树英就离开了学校，回乡当农民。与其他大多数农村孩子不同，他并没有放弃对知识的渴求。稍有闲暇，物理、生物、化学……这些书成了他最好的解乏工具。

17 岁那年，赵树英因为身体强壮，被鹤壁煤矿来招工的人相中，成了一名煤矿工人。"我不是喜欢挖煤，因为在农村干了 4 年农活后，就想换换环境。"从井下到井上，赵树英这一换工作就干了十几年。

挖煤工人整天在矿井下工作，常年晒不到太阳，缺少紫外线的照射，身体内会缺乏维生素 D，影响人体对钙、磷的吸收，会造成骨质疏松、佝偻等疾病。因此，煤矿工人每天工作完，矿上就会给他们照射紫外线，以补充身体内的维生素 D。这种用物理方法补充维生素的形式引起了赵树英的关注，物理光学让他产生了浓厚的兴趣。

从此，只有小学文化的赵树英开始孜孜不倦地钻研起了光学，书店和图书室成了他经常光顾的地方。赵树英的勤奋好学引起了煤矿领导的注意。后来，煤矿领导把他从井下调到了井上，负责矿里医疗器械的维护和管理。为了培养他，还把他送到上海学习了 3 年。3 年的学习让赵树英补充了大量的物理学知识，使他成了矿上的"知识分子"。

20 世纪 80 年代初，赵树英办了停薪留职，回到老家安阳市汤阴县。他在县城租房开了一家医疗器械修理店。"那是一个二十几平方米的小门面。门市开了以后，我就带了几个徒弟一块干。包括现在公司的孙总、李总，还有王会计，他们现在还跟着我。"赵树英对在煤矿时照射的紫外线灯印象很深，他发现，当时市场"对紫外光的需求，一个是煤矿，再一个就是在妇幼保健院，因为当时国家强调煤矿劳动安全意识，另外在医院儿童缺钙、缺维生素 D 的很多，胎儿发育过程中也需要补充紫外线。重要的是干这行的人还很少"。同时，赵树英也认识到煤矿所谓的紫外线灯是用高压灯泡照射的，有弊端，他研究出利用多支对人体无害的中波紫外线的紫外线灯。因为做这门生意的人少，市场需求大，赵树英的生意还不错。这个项目为他捞取了第一桶金。

"我刚来到佳多是 1986 年 4 月，公司除了赵总外，还有 9 个大学生以及老赵师傅，当时技术人员就赵总一个人，我的角色是会计。那时我就觉得赵总一个人养我们 11 个人，为啥咱不能学赵总的技术呢？没想到，我一进来他就让我去学习，也帮我指明了今后的发展方向。"老员工孙乃霞回忆说。

带领这一帮人，赵树英在医院和煤矿奔走，修理医疗器械和推销自己的中波紫外线设备。在此期间，他一直没有放弃对光学知识的钻研，"那时候，我光买书就花了一万多元钱，家里有几千册书。"赵树英至今仍然自豪地说。

就在此时，赵树英了解到了昆虫的趋光性，发现不同的昆虫对光线有不同的"偏好"，这个发现让赵树英兴奋不已，"能不能研究一种器械，用这种方法吸引并杀死农田里的害虫呢？我在农村的时候，背着农药桶在地里打药，药桶漏药水。到了晚上收工，感觉整个背部都是木的，就是因为流出来的药水浸入了皮肤。我就感觉到农药对身体危害性很大，坚信农药终有一天会被停止使用。"而且，"农药的使用还会使害虫产生抗性。使用一次，就等于对害虫筛选了一次，把弱的消灭了，留下了强的。结果它的下一代更强，于是又加大农药的使用浓度。这样一代一代选下去，它的抗药性产生了，农药就基本失效了"。

从此，赵树英与危害农作物的害虫较上了劲，开始了他长达二十多年孜孜不倦的"战斗"。1986 年，有了一定知识和资金积累的赵树英注册成立了汤阴佳多科工贸公司，开始了灯光诱虫技术的研究和应用。"当时我们搞这个，就认为中国的农业不可能一直用农药，杀虫灯将来一定有市场。"1988 年，赵树英成立了紫外线应用研究所，开始对各种光源进行研究。

其实，利用灯光诱杀昆虫的研究由来已久。早在 20 世纪 60 年代，我国就开始

"技术控"赵树英对改良机器兴趣浓厚。

器械生产车间。

了利用黑光灯、高压汞灯、双波灯诱杀害虫的技术研究与应用，但由于存在诱杀益虫和害虫的比例偏大、使用成本高、操作不方便、灯下危害重等问题，一直难以大面积推广使用。

面对别人已经研究多年，仍然没有取得成功这一事实，赵树英算是知难而上了。为了在前人的基础上研发出更好的产品，他把从医疗器械维修、家电销售及各种设备维修挣的钱，全部投入到了产品的科研当中。

经过反复不断的研究和探索，1990年，赵树英研制出了既能有选择性地诱杀害虫，又能保护益虫和中性昆虫的频振式杀虫灯。这种灯有几个优点：第一，它利用害虫的趋光、趋波特性，将光、波、色、味四种诱杀方式集于一体，增加了诱杀害虫量；第二，它利用昆虫的复眼结构——复眼上有小眼，小眼上有视柱，视柱上外层色素有白色的、有透明的，这些生理特性决定某一种群昆虫可在不同光线下飞行，配制出了能形成独特光源的灯管荧光粉，使杀虫灯对鳞翅目、鞘翅目、半翅目害虫诱杀效果显著；第三，选择益虫不敏感的灯光波长、灯体颜色，以避开草蛉、瓢虫等益虫，起到了保护天敌的作用。

率先成功研发出频振式杀虫灯的赵树英，自我感觉这款产品功能齐备，效果很好，只等自己加大力度进行产品生产，推向全国市场，救遭受虫灾农民于水火之中。然而，现实的市场反应，却并不像赵树英想象的那么乐观，反倒将他从舒适的小康生活打入了痛苦的境地。

即将消逝的"光"波

"典型的，他不会说不用你这个东西，他会说没有钱。其实往农田里打药，一次得花几十元钱，像这个灯它可以用4~5年，60亩地才370元钱，并不贵。再一个，农民认为这个灯只引诱成虫，幼虫不能杀死，他们不了解成虫与幼虫的关系，认为只要有虫用药一打就不会动了。打药保险且方便，何必买灯呢。在1996年，我们组织了一个12人的销售队伍，半年时间一盏灯都没有卖出去。"

用于杀灭害虫的工具，农民本能地要把它与农药相比较。"当时好多人都不理解这个灯是做什么用的。频振式杀虫灯的现实效果一下子看不出来，需要连续3年使用，效果才特别好"。农民的实在和对自己农作物的谨小慎微，让赵树英公司的员工处处碰鼻，束手无策。"有一次到山东去，一人曾听说过这种灯，也到公司来看了看，那人让我们把灯运到他那儿去搞试验，看看效果怎么样。公司很重视这件事，安排赵总、贺经理处理此事。灯运到地里，从晚上8点多一直亮到12点多，效果特别好。试验后，那人说他自己买一台，能不能把地里的虫全部灭掉？贺经理说，要大面积用，效果才最好。那人说如果要大面积用，他就得给村里好多人做工作。村民都不了解，也不理解。公司在那儿试验了将近一个星期，村民们看到灯的效果确实好，但还是因为种种原因不接受大面积使用。公司从实用性上来讲，不建议一个村只买一两台，因为数量太少，效果不大，其他地里的虫也在源源不断地繁殖。一片区域只买一两台，根本达不到宣传的效果，稍有不慎，还会让村民产生误解。按理说，看到有效果，应该大受欢迎的，但实际是看到了效果，村民也不买账，"老百姓会跟你讲，你这个灯要通电后才能挂上诱虫子，可谁给我架电线，谁给我弄电杆？还得掏电费，你给我掏电费？有了虫子，我打打药水就好了"。

阻力重重，派出去的12个人，每一个人带回来的都不是好消息。但在赵树英的耳朵里，却听到这样的消息，"有好多农民在打农药的时候中毒，这种现象频频发生，必须改变。因此我这个灯在销售受到阻力的时候，我也感觉到它的前途是无量的。"

正在赵树英对未来满怀希望，眼前却一筹莫展的时候，1993年，河南乃至全国的重要产棉区大面积爆发了棉铃虫危害。此时，对频振式杀虫灯的前景颇为看好的全国农业技术推广服务中心选择了具有典型性、代表性的地区进行杀虫试验，这给赵树英和频振式杀虫灯带来了机遇。"河南省农业厅在汤阴县开了个现场会，当时主要领导也到我们这里来看过。在全国的棉铃虫肆虐的时候，我们在两个地方的试验取得了成功，一个是菜园石辛庄，一个是汤阴县五陵镇。经过推广，频振式杀虫灯顿时声振全国。因此河南省农业厅主要领导说我拿钱买1万台。"这一笔大订单，让赵树英看到了希望，也陆续开始有了一些销量。"1994年销售旺季，卖了几万台灯"。这时，又有6家生产杀虫灯的企业进入了市场竞争行业，赵树英加大产

量的同时也加大了研发的力度。

但让赵树英没有想到的是，当他把棉铃虫害遏制住的同时，也是他的杀虫灯下岗的时候。"当时大家感觉还是用农药比较方便，打上以后这个虫就死了，这个农药不行了，就换一个更毒一点的农药使用，不行再换一个，马上就可以看到效果，这个灯大家看它诱的是成虫，并没有看到幼虫马上死掉，再加上当时农村电源的限制，拉电线也有困难，大家普遍认为灯比较麻烦。更有甚者，还出现农民的杀虫灯被盗事件。"

靠虫吃饭的赵树英和他的公司，因为没有大面积虫灾的爆发而再次陷入了困境。与起初开始试水市场时不一样了，仓库里存放着大批卖不出去的产品，新产品的研发也需要大笔资金投入。巨大的资金压力单靠他们卖家电做维修已远远无法解决了。"几个月卖几台，一年才卖十几台。到1996年，我们公司欠外债大概有两百多万元，几乎到了山穷水尽的地步，春节的时候，每个员工就发5元钱回家过年。整个公司半年多没发一分钱工资，最后只剩下12个工人。"从1993年短暂的辉煌到很快陨落，赵树英和公司员工像坐过山车一样。

企业要发展，需要寻找出路，需要强大的精神力量和产品销售支撑。1997年的春节，对赵树英来说，是最难熬的。

"我是1995年进厂的。1994年、1995年赵总在我们当地的名气非常大。汤阴县电视台、安阳电视台等媒体做的宣传也比较多。来了之后我经历了公司第一次兴旺，赵总并没有把他所创造的利润用在个人享乐上，而是带着团队，以一种坚定的信念，推动企业向前发展。后来虽然跌入低谷，我知道企业经营不可能都是一帆风顺的，肯定有起伏，关键是领导是怎样的思想，怎样的工作作风。1996年春节，我父亲单位发的酒，我给赵总留了两瓶。赵总其实心里挺难受的，他把自己关进仓库。过完春节后，当我们推开仓库门的时候，赵总胡子拉碴的，没有精神，桌子上全是吃完的方便面袋，当时我们心里面就很辛酸。那两瓶酒陪他过了春节。等我们上班的时候，赵总已经调整好状态了，和我们刚开始推门看到他的时候完全不一样了。他做好了准备，要开启新的征程。"

"我们非常感谢1996年能有这样一次低谷。企业在这样的困境当中认准了它的方向，它的思想也会更加成熟。从1986～1996年，要成熟一个企业，也应该花这么长的时间。"这是一个公司老员工对公司第一个 10 年的总结。

1997 年 4 月，赵树英独自去了新疆。这一去长达 6 年时间，他把佳多公司从濒临倒闭的边缘，带入了发展的快车道。所有人的目光都聚焦到了赵树英的新疆之行。因为这一段时间，他不仅拥有了整个新疆 35％ 的杀虫灯份额，还改写了中国自然生态有机农产品生产的历史。

"光"在新疆绽放

"他深入到棉田，跟农民打成一片。有一次，农业部的一个领导到新疆考察棉花生产，在田间看到他，问他是不是河南佳多公司的小赵。赵总转过来说，我就是。你怎么像个老农民一样。赵总把新疆的棉花基地每平方米多少只虫，什么虫，搞得一清二楚。他还给自己一个约定，如果市场没打开，他就不理发。"

在研究产品的时候，赵树英经常向中国棉花研究所所长请教棉铃虫害的问题。当时有很多专家也意识到农药的使用会带来污染等问题，建议他可以到新疆去试一试。因为新疆每一个地方都是一个小绿洲，这个绿洲的生态一旦被破坏，就很难再修复。

新疆距离安阳 2500 公里。正当赵树英跌进经营的危局而陷入困顿之时，新疆爆发了大面积的棉铃虫灾，尤其在吐鲁番地区最为严重。"1997 年棉铃虫灾害爆发以后，1 株棉花基本上有 3～5 只幼虫，每只幼虫会危害 14 个棉头。也就是说，3～5 只幼虫就可以把整株树上所有的棉桃都吃尽。由于棉铃虫突然在新疆爆发，当时对棉铃虫又没有成熟的防控技术，对它的发生规律，包括它从哪儿来的，到底是迁飞来的，还是当地的虫源，都没有搞清楚。所有人都束手无策，还动用了学生、军队、机关单位、行政事业单位来抓虫子。"作为中国的产棉大区，面临如此灭顶之灾，对任何一家杀虫产品推广企业，都是机会。而新疆方面，也开始面向全国广散"英雄贴"。

对于新疆，赵树英并不陌生。1994 年，他的杀虫灯就已到了哈密市做试验。既然以前有过接触，此次也在邀请的企业之列，杀虫灯的市场究竟怎样，前景如

何？这次，赵树英没有派业务员去，他觉得"已经不是派业务员能完成的任务，应该亲自去看看到底这个市场是什么样"。

"当时不止佳多一家，他们前面也来了两拨卖灯的。都是西装革履，拉着皮箱，穿着皮鞋，也不下地，根本就干不了这个活。必须深入到田间，你才能把这个事情干好。"

"赵总一到，杀虫灯也过来了，就往各个乡里面发。然后他马上给各个乡的村民做培训，这个灯怎么用，怎么可以起到最好的效果。杀虫灯使用起来也挺复杂，首先要到田间去安装，装上以后晚上还要经常去看，每天晚上去看效果怎么样，好不容易才把虫灾治下去。赵总这个人特别能吃苦，一般的人把事情完成就行了。他全新疆跑，有些乡里交通不方便，他自己背着包步行到各个乡。买个馕，矿泉水或喝路边山泉水，不管白天黑夜，新疆有棉花的地方他都跑遍了，他是真真正正为农民抓虫子的人。"新疆当地的农技人员，提起赵树英都竖起大拇指。

结果单是吐鲁番地区一共就订了 2000 台杀虫灯，这样的结果起到了很好的技术示范作用，新疆其他地区要来吐鲁番参观。为了让自己的杀虫灯真正在全新疆推广开，赵树英花了 6 年时间用脚丈量出新疆广袤的土地，其间苦行僧般的风雨历程，员工们也了解一二，下文就是员工讲述的三个小故事。

故事一：新疆库尔勒地区轮台县到和田地区有一个沙漠公路，号称死亡公路。20 世纪 90 年代，那条公路几乎没有人走。当时和田策勒县县长给赵总打电话，叫他第二天早上 8 点到办公室去一趟，说要订多少台灯。轮台县到策勒县 700 多公里，只有走沙漠公路才能到达。在这条公路路边有一个碑，上面写着"一旦进入沙漠公路，在路上遇见任何人，你要无条件把他带出来"，说明沙漠公路非常危险。当时，库尔勒当地农业局局长劝他不要去，太危险。但赵总已下定决心，晚上他租了一辆夏利车，走的时候给我们打了电话说，我今天晚上走沙漠公路，预计明天早上 8 点多到策勒县，如果明天我这个时间不到的话，我就是被陷在沙漠公路上了。当时的通讯，不像现在这么方便。他在车上装了 2 壶水、1 公斤牛肉，找了个司机就出发了。第二天 7 点 40 分，我们接到赵总电话，说他已经到了。后来听同去的司机讲，他们开了一夜车，最后到达时，司机僵在座位上下不去了，还是赵总把他抱下去，再去和策勒县县长谈杀虫的事儿的。

后来有人问赵总，到底是什么动力，让他敢冒这么大的风险？赵总说，是肩上的责任。

故事二：我当时在吐鲁番办事处的时候，接到赵总电话。他说，你赶紧过来，我身上只有几元钱了。如果你明天不来的话，明天一天都没饭吃。那时，不像现在可以异地打款，随身带卡随处取，那时需要带现金在身上，还不能带太多，不安全。我找了会计一起，当天从吐鲁番坐夜班车，一直到第二天下午5点多才到阿克苏，把钱送上。还有一次，在新和县，赵总身上钱不多了，吃饭都快成问题了。他抽出一天时间，背着包去医院里问有没有医疗器械需要维修？人家打量他一眼，觉得他像个农民，会维修什么？赵总说会维修医疗机械。人家刚开始不相信，正好一台机器有故障，他不到2个小时就修好了。医院领导很佩服，要给他钱，赵总说，不要钱，能吃顿饭就行。

故事三：1998年，赵总打车从阿克苏前往吐鲁番，遇到一个干沟，出租车一下子钻到大车车底。赵总和司机都受伤了，但都不太严重。为了赶时间，他给司机留下500元钱，并让司机有什么事情给他打电话，又重新换了一辆出租车，继续往吐鲁番赶。第二天一到吐鲁番，他简单把手包扎了一下，继续投入工作。

赵树英从1997年进入新疆到2003年离开，6年时间的辛苦，换来佳多公司在全新疆拥有了35%的杀虫灯市场份额，时至今日，已经上升到了60%以上。

圈地养"光"

"第一年拿地没有荒，把小麦种进去。因为地拿下来必须种，要不然农民会产生怀疑。拿了地不种，怎么换钱付流转费给他们呢？农民会一哄而上把地重新给占回去。第一年不喷药，所以小麦第一年结果都不是饱满的。有人还到市政府去告状，说你不会种地。我说他要去告，就给他路费。坚持一定不能用农药，第二年小麦就饱满了，原因是第二年蚜虫已经被瓢虫抑制住了，但种得稀，这样使小麦通过土地营养能够供上，颗粒饱满。第三年就正常种植了。这样，前3年为了养地一点儿收入都没有。"

抢收瓢虫做生态链储备。

杀虫灯。

　　1997年春节，赵树英准备亲自前往新疆开发市场。对自己的离开，赵树英对公司也做好了相关安排。因为他清楚此行路途会不同寻常，不会像以往产品销售那样，十天半月就可以回来。他说："孙乃霞当总经理，王新平当会计，贺经理当质量检验员，王海印当生产厂长。我要上新疆去，到新疆之后，我会让大家在未来5年住上楼房。"但员工心里都清楚，"现在有这么多外债，别说住上楼房了，只要能开发市场，把外债还了就行"。

　　赵树英在新疆辛苦开拓市场的时候，公司也不平静。公司之前欠下的两百多万元外债，全靠公司剩下的十来个人卖家电、修电器、修医疗设备支撑着。"当时我们贷了农行30万元贷款，赵总去了新疆，我就在家负责款项。一次，河北省一企业定了200台频振式杀虫灯。正好这时，农行把公司起诉了，让我们还款。就在人家来拿灯的前一天，汤阴法院送来通知。第二天，买方来拉灯，法院一伙人冲到办公室，把保险柜全部封了，相当于要货物抵押。当时我就跟他们说，人家客户带着汇票来了。我把汇票给你抵押，你让客户把灯拉走。法院不同意，他们要押车我就不从。他们以妨碍公务把我告了，把我拉到汤阴法院，在那儿待了四个小时。"全公司上下都在经历着煎熬，他们也不知道这种日子何时是个尽头。但想着赵总还在新疆东奔西走，频频报捷的时候，员工们觉得工作和生活都有了力量和方向。

　　全公司的执着和坚守，成了赵树英强大的后盾和支持。因为新疆市场产品项目的成功，很快第一笔30万元货款打到了佳多公司账上。"我们很激动，觉得佳多有救了。后来遇到来公司催账的，我心情就不一样了。条件随便你说，马上把钱还给你。赵总在新疆这么艰辛，也终于有了回报"。

　　2003年，赵树英在打开新疆市场之后，回到了阔别6年的家乡。频振式杀虫灯的销量稳步上升，收益也呈爆发式增长。历经苦难的他，该享享福了吧。岂不知，这一切对赵树英来说，只是刚刚开了个头儿。

　　赵树英的眼界和意识，让所有人都无法理解，但却又对他的执着相当敬佩。"杀虫，是为了让农作物更加健康，杀虫不是根本，而是要让农作物的生长回归自然。但单纯地向农民灌输这一理念，至少在短时间内无法行得通，所以我不如用说服别人的时间，实际干一干。"

　　赵树英很快在汤阴县租下23亩地，开始着手实施他的计划。员工去看地，心

都凉了。"农民说，这不是汤阴县最肥沃的地方，这人为啥来这儿投资？"肥力很差的土地和遍地枯黄的草让员工也感到困惑，"我们质疑地问赵总，这个地方这么穷，咱们能不能把农民管好？这么大的地，要投资多少钱才能够达到我们的期望，能够有回报？"面对员工的质疑，赵树英有自己的打算，他说："在家乡干这件事，是要向他们展示 ATCSP 系统。如果我们自己不建立这一套系统，将来咱在全国进行试验示范推广的时候，别人就不会相信。"

ATCSP 系统就是病虫害自动测控系统，即监测预警系统，预警遥控系统，频振、生物诱控系统的统称。该系统可远距离实时监测田间作物的生长情况，环境因子、天敌、昆虫种类、植物发展规律以及田间测、控效果的实时反馈。应用农业智能、信息技术，实现害虫实时远程监控，从而建立病虫害自动测控系统共性技术研发平台，实现全国农林植保信息资源共享。

赵树英想通过自己亲身建立 ATCSP 系统，靠自己的产品，打消一切与产品使用有关的顾虑。"一方面搞昆虫的预测、预报、预警，另一方面把土地放荒两年，把昆虫种群培养出来了，同时让荒草黄下去的有机物，在地下形成一个种群，这样对庄稼有好处。这些都培养出来后，通过几年的实验，效果是可以达到的。3 年后，我们的小麦取得了好的收成，而且 1 平方米的瓢虫数量已达到了 80 多只，把害虫压下去了。当时有人怀疑说，你这样不打药，害虫会不会飞到你的地里来，结果并不像人们想象中的那样。"也正是这种结果，一个新的经营模式在赵树英脑子里慢慢成型了——"这样栽培出来的结果不正是有机食品吗？有机食品生产，关键是生态。一直打药，生态是不会恢复的。有机食品讲究土壤健康，生物链自然运行，农作物质量好，不能有丝毫农药残留"。有了这个思想，接下来，赵树英的举动就更加疯狂了。

"第一年拿下 7000 亩，第二年拿下 4000 亩，第三年又拿下 7900 亩。最开始几千亩地，对公司的压力不大，因为公司有一定积蓄了，但当拿地上了万亩，压力也随之而来。此时我就给赵总提出，是不是到此为止，有个展示基地就行了。赵总说不行，他有另外一种想法，当时看电视，全国食品安全有关的报道很多，他觉得一定要弄 2 万亩地，并把它弄好。他请了中南林业大学设计院的一个教授过来。当时这位姓胡的教授也不理解，他问了赵总三个问题：第一，你对房地产感不感兴趣，赵总说不；第二，你对外来投资感不感兴趣，赵总说不；第三，你有什么能力，能够把这 2 万亩地经营好？赵总说，我要靠物理、生物防治措施，来建立试验示范基地，促使 ATCSP 系统产业更快发展。"回忆当年公司跨越式的发展，孙乃霞仍然心有余悸。2 万亩土地，在河南这个农业大省里算不了什么，但对于刚刚步入稳定经营的佳多公司来说，却无异于下了一个天大的赌注。问题的关键还在于，他们还都不是种地的行家。

聚合有机食品正能量

"我们的产品在设计的时候，是针对全国成套来设计的。这一套系统设计完之后，可以控制 10 万亩地，差不多就是一个行政乡的土地。需要四五十个人把土地操作起来，不让农民考虑病虫害防治问题，不再用农药，没有化肥，没有除草剂，就可能成为有机食品。现在利用这 2 万亩土地进行平台展示，把有机食品生产出来，再完善有机食品上链的生产技术和下链的加工技术，需要配套。"

赵树英的土地是通过土地流转方式从农民手中得到的。土地是农民生存的根本，把土地拿走了，农民该怎样生活？"这种担心每天都能听到，租金给不起怎么办？你这个企业干不成走了怎么办？农民已经依靠你了，就必须干下去"。以佳多公司在当地的影响和收益，把土地拿下来还不是问题。"我们第一年拿下来是 7000 亩，第二年又拿下来 4000 亩，第三年拿下来 7900 亩，在流转过程中，我们就已经对公司情况有了估算。跟农民流转土地是一家一户来订合同的，工作量很大，每年来一次。农民给我流转权是 19 年，最后这个地的使用还是要根据国家新的土地政策进行。"

赵树英仅用 3 年时间，就把近 2 万亩土地收入囊中，怎么个玩法，让把土地流转给他的农民都替他捏了一把汗。"就是我把土地流转过来以后，还是以农民原来的方式去种，种小麦，种玉米，你能赚钱吗？农民原来自己 1 亩地平均才收 200 元钱。我种的话，1 亩地每年支付流转费最少也得 700 元钱左右，还不算给农民开的工资。这不是明摆着的赔钱吗？"农民都说赵树英傻。"我就傻给你看，这也是一种鼓励。因为我们要种有机食品，让单位亩产价值升高，像有机食品研究机构，有

机食品的培训学校，有机食品的生态工序指导，有机食品的生态园，有机食品的深加工，有机食品的物流，有机食品的连锁店，这些系统加在一起，出来的有机食品价格显然要比原来种小麦、玉米附加值高很多。另外随着今后土壤改造，或许将来只需要4000亩地，就可以种出现在2万亩地所种的小麦和玉米。"赵树英笑呵呵地向记者道出了他的生意经。

但让大家说赵树英傻的，不仅仅是他在土地流转时做的"亏本生意"，更让大家糊涂的是，拿着这近2万亩地，他居然让它们基本上荒着。"第一年没有荒，象征性地种了点小麦，因为这个地拿下来必须种，要不然，农民会产生怀疑。拿了地，你不种，你能给我流转费吗？农民会一哄而起把地重新给占用了。"说到底，赵树英根本就没想往地里种东西。第一年不喷药，小麦颗粒基本都不饱满。看着大片土地荒着，有农民声称要到市政府去告赵树英，不种地，把土地占用了荒着。"我说他要去告的话，给他路费，让他去告，但地里一定不能用农药。随着国家经济飞速发展，粮食安全成了老百姓最担心的问题，种安全食品就是一个开始。我们少收了一年的小麦，好像没有收入，但是给以后打下了基础。一年过去了，两年过去了，土地、自然生态环境恢复就见效果了。第二年小麦颗粒明显就饱满了，原因是蚜虫已经被瓢虫抑制住了。"在赵树英的地里，他坚决不准使用化肥，还要种得稀一点，这样小麦的营养才能供得上，麦粒才会饱满。到第三年，就可以正常种植了，因为第三年的土壤基本有了自我调节的功能了。"我们小麦在麦粒收走以后，其他的包括麦秸等有机物质全部回归到田里去。"这种做法，使得赵树英的前三年只是投入而基本没有任何收入。

虽然这几年地里没多少收入，但公司的监测预警、物理防控产品却已在全国打响了名号。"2008年北京奥运会，为北京服务的有60套预测预报预警站，配合奥运会使用的有27000台灯，其中有8000台是农业部给我们下的订单。国家现在遇到重大病虫害灾情时，都需要我们公司的产品，我们可以在短时间内提供。2008年，我们公司的销售就已经过亿了。全国的病虫预测预报预警站，几乎70%都是我们的产品。我们在全国有14个销售公司，几乎每个县都有我们的产品。"未来，对佳多公司来说，监测预警、物理防控产品只是收益的一部分，对有机食品的打造，将会成为新的经济增长点。

对自己的有机产品，赵树英充满信心。

有机蔬菜采摘配送。

一方面是养地，另一方面还要防虫。对于后者，赵树英经过几十年的潜心研究，技术与产品也越来越成熟。

首先是测报。"这个是太阳能测报灯，不用再拉电线，在乡村随便找个地方一安装，就可以搞测报了。在虫害发生前知道它的基数，根据气象因素以及往年的数据资料，就可以分析出会在什么时候发生，预先测报出来，下一步再去进行诱控。还可以根据虫的大小，把虫分开。这种灯销量现在是最好的，还出口到欧洲、中东、东南亚等地区。"

其次是捕虫。可以在各种农林作物中使用，如果园、麦地、蔬菜地等。像放在果园、蔬菜地的灯可以根据昆虫飞行的高度调节；还可以根据灯的光波不同，一个专门用于天敌，一个针对害虫，一方面把天敌诱过来抑制害虫，另一方面诱控目前危害范围内的虫子。把天敌吸引过来，但是不杀它，让它落在防治区域内，增加大田生物种群的自然调整，同时又把害虫抓住，达到一定基数后停止，这样使田间的生态保持自然平衡。

最后是以虫制虫、以菌治菌。把益虫收集起来，把它放在需要的地块里或专门的地方养着，到关键的时候，就拿出来"杀敌"。他们甚至有"专门有饲养昆虫的工厂"，这在全国应该是独一无二的。

不久前地里鼠患严重，赵树英命令不能下鼠药，"专门从东北买了100只猫。如果年底鼠少了，就逐渐使园区里的猫也成为生态的一部分。"

有机食品放"光"彩

"前3年是有机食品转换期，这3年里有收成也不能卖到市场上，因为转换期还不是真正的有机食品。2013年转换期到了以后，我们的有机食品单种认证已完成85种，在全国已经建了20个连锁店，大家看到这20个连锁店已经有了收入的时候，心里安慰了一些，就对我的做法不再质疑了。"

经过几年时间对2万亩土地的调教，赵树英的有机食品生产已经初见成效了。

但这种整治，对赵树英来说，是一种自信的等待，也是一种未来的期望。"1亩地小麦，如果化肥、农药都用上，可以收到700斤左右，但我们只能收200斤左右。所以我们必须先恢复地力，随后进行精细的耕作，这估计要两三年的时间，这几年是没有收益的。若干一件事情光讲钱的话，就永远得在农药和化肥里面泡着，有机食品根本不可能种成的。我们做了一个164平方米的实验室，以这里的产量来计算，亩产已经是上千斤了。"赵树英的每一步，看似天方夜谭，实则脚踏实地。

"我们利用原有生态资源，配合生态链的资源来控制害虫，在种植有机食品的时候，收成并不一定比现在少。比方说有害虫了，田间自然生态的天敌可以控制它，就不用打药了；比如说地没有肥力，只要注意秸秆还田，以太阳光和物质产生的能量来调整它们之间的关系就可以了。"同时，还在"园区周围形成以频振诱控技术为主的'害虫阻截带'。阻截带平时用于阻止园区内外害虫随意迁飞，当园区内天敌量大时，阻截带即停止工作，外来有害生物进入，保证天敌食源，完成园区内生态链的调节。园区内病虫害防治采用物理技术与生物技术相结合的方式，灵活运用'以虫治虫，以菌治菌'技术，达到了不用农药防治病虫害的目的，园区生态得到了快速恢复"。

在一大片地，赵树英没有进行单种蔬菜的统一栽种，没有单独用区域种茄子、辣椒、白菜、菠菜，而是采取套种的形式。"主要是病虫害的传播要受到抑制。茄子发病了，它影响不了白菜、菠菜和辣椒。辣椒发病了，其他可能不受感染。"

现在，赵树英已开始在做蔬菜配送。"每天送的套餐里面最少不少于4种蔬菜，蛋和肉都要配的。把菜采摘走以后，通过装配，搁到专用的恒温箱里面，上了冷链车，直接送到用户家里去。如果你订了我们的套餐之后，我们将按合同和家庭成员情况营养配餐并进行配送。我们园区2万亩，能供应4.3万户人家，根本不用考虑它的销售问题。"至于园区生产的玉米是不卖的。"喂我们的鸡、鸭、鹅、猪。卖掉以后，它们就吃不上有机玉米了，在有机鉴定上过不了关。因为我们走的是有机食品路线，就必须保证有机的纯洁度。"

国家林业厅总工程师吴坚认为，赵树英做的事从大的方面讲符合国家政策的要求，从小的方面讲满足了当地群众的需求，是创造性的经营。

创业问答

记　者： 您在创业过程中，最大的心得是什么？

赵树英： 创新，如果你按别人走过的路去走，只是干了一项无谓竞争，以竞争来进行无谓的消耗。这样我认为不会推动社会进步。真正的创业应该把创新放在前面，要予社会所予，需社会所需，使自己创造的东西，能够给社会带来新的动力和财富。

记　者： 您在创业过程中，最后悔的是什么？

赵树英： 在创业过程当中，有些地方没想到，让自己在前行的路上有障碍和失败感。还有一个就是，我有很多机会可以把公司做得更大，像在制冷、家电以及其他一些医疗机械方面，但是现在我们走得慢的原因就是选择了一条创新的路，而且这条路使我们公司的员工也吃了不少苦，受了不少累。

记　者： 在创业的过程中，您有没有觉得自己有什么特点？

赵树英： 我这个人在社会交往过程中太固执，这个特点也影响发展，所以有时候想着把它改掉，但是对事物看法和理解程度不一样，因此说改很困难。

记　者： 那您觉得创业应该具备哪些条件？

赵树英： 创业第一是先要有思路，再一个一定要保持好心态，人不是以赚钱为目的，盈利是求发展，在发展过程当中一定要有社会的责任，这样去创业长时间会得到社会的承认和推动今后的发展。

记　者： 您刚才觉得除了赚钱之外还有什么？

赵树英： 成为企业家。不是光挣钱，在一个产业方面能够成为领军，因为你的努力、团队的努力使它发展起来，形成一个产业，它始终担负着社会责任，承担社会给予的职责。

记　者： 那您觉得创业者应该具备的素质是什么？

赵树英： 创业者要抓住机遇，因为现在企业都在转型，在转型的过程当中，有好多新的东西表现出来。只要你选择对环境有利、对人类健康有利，选择能够代表大多数人利益的项目，创业肯定会成功。

辞去公务员离家创业之后

很多人认为，有些人的经商意识是天生的。他们对做生意赚钱有着最本能的感觉，任何东西在他们眼里都可以产生效益。这种意识是天生的，没错，但它给予每个人都是平等的，就看你怎么使用。有的人一辈子在固定的工作岗位上徘徊，看人家赚钱很羡慕，觉得这也是商机，那也能赢利，最终那点儿商业意识都没有得到开发而被带进了坟墓。

牛连理从苦难的童年中走过来，一直对经商抱有最浓厚的兴趣。无论是在父亲创业初期的逆境中，还是家产千万的蜜罐里，他都近乎偏执地紧抱商业，从不退缩，最终超越父亲，成功创业。

我们在欣赏美丽白天鹅的翩翩舞姿时，不要忘记了它在水下不停划动的双脚。

刘杨　武耀华　文/图

经营的种子在发芽

"我父亲感觉在事业单位朝九晚五工作稳定一些，个人也稍微轻松一点，没那么累。因为父亲做生意起家了以后，他感觉经商身体和心里都比较累。从长辈的角度考虑，还是想让我的工作舒服一点，个人辛苦少一点。"

河南省焦作市武陟县大封镇是焦作市的第一大镇，牛连理就出生在这个镇里一个叫东屯村的地方。作为农业大省的河南，曾经在这个镇里表现得特别明显——穷，渴望改变。于是，以农业为主，各类小企业作坊作为补充的经济形式就很自然地形成了。经过多年的发展，大封镇集聚了电力电缆、机械制造、化工造纸、食品加工、纸制品、塑料制品等支柱产业。其中，牛连理的父亲在历经辛勤打拼之后，成了镇里电缆行业的领头羊。

"他特别勤奋，在他小的时候，我们家里非常穷、非常苦，他在5岁的时候生病了，我们家里连5毛钱都拿不出来，还是我们邻居借了5块钱去县里给他把病看好的。收麦子、秋种，我两个儿子从小就在地里面干活，每天早出晚归，在地里种玉米。后来，他们就在我的厂里装车、卸车，跟着我们去发货，去信阳、去洛阳、去郑州。下午放学晚上赶到洛阳，白天再去上课，一个小孩子干的活比大人还多。十几岁那时装车，搬很多货往车上装，每天两个孩子非常累，全国各地跑，非常累，他们很能吃苦。"牛连理父亲的一番话，基本描述出了当时一家人的生活状况和牛连理的成长环境。

在这种背景下，牛连理养成了特别能吃苦，特别渴望改变的性格。在上大学时，他就开始尝试着把自己的经营想法转化成生意项目。"我在郑州上学每两周回一次家。星期天，坐的大巴车不带空调，夏天热打开窗户。一到红绿灯热得出汗，车跑起来稍微凉快一点。后来又增加了两辆带空调的依维柯，速度稍微快一点。闲来无事，然后就和售票员、司机聊天，觉得这种车型刚开始上路不久，前期经营还可以，车少，经营的人也少，利润各方面应该会好，粗略测算一年多时间就能收回成本。操作也很简单，只需要把司机管理好就行了。"牛连理处处留心皆生意，对自己所看到和听到的都不放过，一颗关注经营的心时刻在跳动。"当时感觉这是一个商机，后来给父亲建议。因为那时候需要投入20万元左右，比较多，就想让我父亲把这个项目也做一下。我父亲却说，小毛孩子，你懂什么？你以为生意那么好做吗？当时这个生意没做成，但每次周末回来的时候感觉他们的生意还可以，自己就觉得有些遗憾。"

"我上学的地方周围有超市，有的大超市已经进入到郑州。我回家以后发现我们县城这一块还是小商店或者批发店这种形式卖日常生活用品。如果把这种新型经营模式、新型的商业形态先占领，效益一定不错。然后给父亲说我们可以做一下。父亲从传统的角度考虑说这个大家都没有做，你怎么可以？最后又没做成。"

"大学时候学校附近有个澡堂子，当时人家想对外出租，我就过去说我想承包。那时候因为在上学，我父亲根本不同意。毕业以后，我想这个最简单，投入也不大。因为前两次说的项目投入都比较大，我父亲不支持。这个投入少，我找两个朋友合伙弄，把做生意先实践一下，看看自己是不是能做好。结果我正准备过几天就去看锅炉了，多大的、多少钱，怎么安装，这些都开始要实施了，朋友却提出想撤出了。说咱不做了，我说说好的事怎么不做了？他说家里不让他做，如果做了家里会生气。当时，我俩吵得基本上都翻脸了。我说你这人做事没有一点坚持，没有原则性。过了两天，大家情绪都稳定下来，他说家里不想让他做了，回去也和家人吵了。后来我才知道，是我妈跟他家里人说让他别做了。"

家人对牛连理创业一次又一次泼冷水，一次又一次打击，让他很是郁闷。"心里有种说不出的委屈，包括经营长途客车，我看人家后来做得都还行。肯定过程也有不少辛苦，最起码没有什么大的失误。包括那个超市，不到半年时间我们这里就开了一个1000平方米的小超市，我周末回家也去人家那里买东西。因为是第一家，生意还可以，现在我们县里好多超市都做得非常好。自己想到的时候，人家还没做，然后自己又错过了，让别人做了，心里就有一种说不出的感觉。"

执着地从生活中，从身边事物中，从人家的言谈里发现商机，并能迅速捕捉到，变成可以执行的创业项目，牛连理一直都处在跃跃欲试之中。他尽量想把命运掌握在自己手里，随时想冲入商海之中遨游。但父母犹如一柄大伞，既给了他无尽的庇护，也挡住了他渴望经营的一颗雄心。

公安局里的逃兵

"我在想不干工作做什么？好多人梦寐以求的工作，你不做。生意也不是那么好做的。把现在这个工作好好干下去就行了，不管哪一条路只要走好了都能走下去。我的想法是做些有营销行为或者商业交易的项目，实现个人价值、体现社会价值。在工作过程中比较精彩一点，接触面比较宽一点的项目。"

"做生意比较累、比较苦，特别操心。孩子去上班相对来说轻松、安逸一点，安稳地挣工资，不用受这个罪。"对于创业过程中的艰辛，牛连理的父亲深有感触。他不希望儿子走自己的老路，一心想让他有一个稳定的工作。所以，他送牛连理上公安学校，希望儿子回到家乡在政法系统从事稳定的工作。但牛连理偏偏不按父亲既定的套路出牌，成天胡思乱想。"我妈还给我算过一次命，说看是适合做生意还是上班。算命的就说我不适合做生意，完完全全是一个上班工作的材料。这一下我妈就说，你看人家算命的都说你不适合做生意，你还是好好上你的班去吧。"

迫于父母的压力，牛连理最终还是进入了县公安局，成为一名侦察员。"他公安专科毕业以后到公安局上班，当时年轻小伙子的工作劲头十足。刚上班的时候，我们遇着大案，一连就是十天二十天不回家，他干得很起劲。可以说工作上，在同龄人中，他是佼佼者。在领导心中也是很有潜力，很有发展前途的好苗子。"从当时公安局主管行政的副局长陈鹏松的话里，我们可以看出，牛连理并没有因为迫于父母压力，选择进入公安局，而有心里抵触。

尽管这样，牛连理创业的心仍然不死，一直在做着地下活动。"那时候一边上班，一边找投入小一点的项目。后来有一个朋友介绍经销奶制品，厂家是山东的。我就从厂家提了一万多块钱的货。这个品牌的渠道各方面都挺好，能赚一点小钱，但是市场发展空间挺小。后来把那一批奶制品销完后，就没有作长久的考虑了。"

牛连理还做过煤炭生意，"做煤炭生意还可以赚到一点钱，但是要实现个人价值、社会价值还不够。煤炭不是自己开发的，是从山西采购过来，然后送到当地的化工厂、化肥厂或者电厂这些需要的企业，从中间赚取一点利润。后来慢慢想找一个生产型的，在工作过程中能让自己有成就感的，接触面比较宽一点的项目。"

就在找的一些项目都无法进行下去的时候，牛连理觉得工作是影响他发挥的障碍，他有了辞职的想法。"有一次，我们这地方发生杀人案，杀了一家两口。我们破案回来以后，他跟我说陈局长我有个想法，我说你说吧，他说我在公安干这么长时间了，我再干10年，也不一定有什么好的效果，我想回家搞企业。"陈鹏松对牛连理的想法有些费解。"我说现在那厂你爸爸一个人能顾得上，你好不容易来这儿上班了，工作也表现得好，如果这样坚持下去，队长、所长以后还是有可能的。一旦你回去这边工作半途而废，那边万一也没成功，你想回来就不行了。这是执法部门，不是企业可以停薪留职。他当时给我说，现在市场条件好了，我工作之余，通过对市场的考察，国家对中西部大开发给了很多政策，全国电网改造，电缆这个行业会很有前途的。"牛连理想先说服领导。陈鹏松一听，事情不小，马上给牛连理的父亲打电话，说了这个事，牛连理父亲一听，这还了得，当即给陈鹏松说，这个事情你不要管，我保证让他按时上班、好好工作。

于是，公安局大门口，每天早上上班时间，总会看到牛连理父亲开着车，亲自把儿子送来上班的情景。"感觉就像上了学以后不听话的孩子，让家长天天监督你一样。因为小时候我天天嘲笑这些同学，没想到我上班后居然也享受到这种待遇了，我怎么成这种状态了？"二十来岁的牛连理，在父母眼中就是一个孩子。

牛连理也知道父母是对自己好，希望自己工作稳定。但他觉得正是因为父母对自己好，自己才要肩负起对这个家庭的责任。公安局主管交警的副局长武松才问牛连理辞职的想法时，也感到了对方创业的决心，"他说我们家这个企业开始得比较早，也比较小，我父亲年龄大了，现在市场形势发展挺快，我们家搞电缆，市场很大，竞争也很激烈，光靠家庭作坊式的经营可能就会被淘汰，他说想回家帮父亲把企业搞大。"

频频对多种项目的摸索，加上经常看商业经营方面的书籍，让牛连理觉得家族企业面临巨大的生存危机，自己应该责无旁贷地站出来拯救它。但眼前的境况让他感觉无能为力，牛连理毅然向领导递交了辞职报告。他的这一举动让家里炸开了锅。弟弟牛连硕回忆道，"当时我哥说，他不愿意上班，他要接手做电缆这一块，结果和爸爸两个人因为这个事吵得挺凶的。我记得我爸急得直接把碗摔了，摔了以后也没吃饭，对他说你要不上班的话，那以后咱俩谁也不认识谁。"

接下来，牛连理的行为就更加不可理喻了。有一天单位的人来跟父亲说，牛连理没有来上班，手机也关机了。"单位说我一天没上班，才知道我跑出去了。早上我爸把我送进单位，他一走我就出去了。出去就为了证明自己想做生意，也能做生意。好多事儿，家里都不同意，包括给他们建议我们厂怎么发展，他们说我只能上班不能做生意，我只有通过这种方式证明我可以，不是光嘴上说说罢了。"牛连理希望用这种方式来逼迫父亲同意他的想法。同时，也想让自己跳出县城小圈子，看一看外面的世界。他来到了西安，找他的一个正在做生意的同学。

"当时想过去找他聊聊，说一下我的想法。当时同学当中只有他是做生意的，其他都上班了，我想到他那里，会有生意方面的交流，还有什么可学的学习一下。他毕竟在省会城市，有很多机会。"

牛连理这一走，家里人可急坏了。父亲拿着牛连理的通讯录，挨个打电话。十多天后，终于打通了西安这个同学的电话。父亲带着牛连理的女儿，把他接了回去。"他媳妇和他吵，说你不要叫爸生气，你好好上班吧。第一次跑到西安一个月，回来以后他上了一个多月班，又去北京了，跑了将近两个月。后来实在没办法了，就按照你的想法走吧。"无奈之下，家人只好接受了执着于经营的牛连理的想法。让他辞了职。

"创二代"开始起步

"当时考虑一是电缆的需求量大，二是电缆行业国家支持力度也挺

牛连理查看设备运转情况。

牛连理帮员工解决难题。

大。有这么大的需求量，我们资质证书齐全，有很多人想做不一定有资质。如果我们业务再扩宽一点，产品增加几个单元，然后内部管理改造一下，设备再进行升级的话，我们会有更大的空间。所以当时就想一定能做好。但是如果我们继续维持现状的话，不但做不好还要被淘汰掉。"

辞职回家，总算遂了牛连理的心愿。他主动要求从销售做起。"回来以后，平时就在生产区域待着。因为小时候去厂里看过，后来设备、产品升级以后和以前完全不一样了。以前偶尔还会操作一点，现在只能把生产看看、学学，有的时候也跟技术员、工程师沟通一下，给我销售时做铺垫。我父亲做的这个行业，我感觉销售是关键，生产领域只要具备生产能力就可以。把销售这一块廓开，公司业务打开以后，发展各方面肯定才会起来。首先你要干什么，就应该知道什么、懂什么，至少这个产品是怎么生产出来的，需要给客户解释、沟通。"

此时的牛连理真的像逃学回家的学生一样，到处玩，看什么都新奇，还有一股子冲劲。起初的销售工作，让他感觉并不像想象中的那么顺利。"进入工厂前期偶尔出去跑跑锻炼一下，也吃过闭门羹。比如人家问关于产品的很多东西，我就接不上话。到那儿一跟人家谈话人家就知道你是生手，就问你很多问题。有一次直接在人家办公室里憋住了，说你到底懂不懂电缆？当时感觉很丢脸，后来仔细想一想，如果不经受这种责难，我是成长不了的。"父亲仍然没有完全对让他上班的事情死心，就让牛连理一个人在岗位上摸索。"那时候没有人帮，完全是靠自己。人家也忙，他们都忙自己的事，不可能专门带你，而且业务这一块各做各的，如果要求人家带我的话，他就会感觉我回去是不是想把他的岗位给顶替了。"

经过一段时间的熟悉，牛连理的销售技能也渐渐增强了。但频频出现的掉单，让他觉得十分郁闷。"前期销售，客户答应来工厂现场考察。来厂区以后，进到厂门口一下车，有的进去了，有的还没进去就不进去了。一看到我们的工人，说不管你嘴上说公司质量怎么好、信誉怎么好、内部各方面怎么好，但是我们一看，你们厂里管理得乱七八糟，对你的产品质量、你的企业，我的可信度有多少？这严重影响很多合同的执行，业务也跑了很多。"原来，由于都是乡里乡亲，父亲长期的人性化管理，让整个工厂极度混乱。牛连理觉得不能再这么下去了。"感觉像是一个家庭作坊，比较混乱。当时职工还觉得我们已经做得挺好、挺不错的了，有自我满足的情绪。干活懒散，不像一家正规企业。上班以后男的穿短裤、拖鞋，女的裙子飘来飘去的。一是没有规范化，二是安全隐患挺大，夏天光着脚丫穿拖鞋、凉鞋，热了还洗洗脚、洗洗手，然后再开机器。"这样的企业管理状态，谁看了都觉得不正常。

"如果我们不主动改变，到我们被迫改变的时候就更加痛苦和残忍了。在以前上学的过程中，闲暇时间看一些企业成功的例子，很多企业做好、做强、做大，制度是根本。就像盖房子一样，大楼盖得高不高，完全看你地基打得好不好。企业制度就是基础。如果企业要正常运转，最重要的是基本制度是不是在有效地执行、实施。所以，我的第一步必须把内部管理制度调整过来。"

然而，要在运转了十几年的老企业里建立新制度，其核心在于对很多人习惯和利益的触碰。"按当时的情况来说肯定难，想短时间内达到目的，更是要付出很大努力。首先想执行一定要一视同仁，一旦决定了不能为任何人、任何事而改变制度，除非这个制度不合理"。决心已定，牛连理要铁腕治厂。很多老员工、老功臣

表现出强烈的不满情绪。你这个企业十几年了不都是这样过来的吗？你一个小孩子，想一出算一出，叫什么管理？他们还集体向牛连理父亲告状。父亲起初也站在了老员工一边，说咱这是在乡下，不一定非得按外边大企业的要求做。如此一来，便让一些老员工感觉有了撑腰的人。但牛连理一如执着于从商念头一样，不加理会。

规定中午如果没有外部客户来厂的话，不允许饮酒。刚宣布，一个和牛连理父亲一起建厂时的老员工就"犯错"了。"朋友叫他出去喝酒，刚好他进大门，我出去办事碰着了，看他脸红红的。他说我喝酒怎么了，我喝酒也没耽误你工作。他认为只要不耽误工作，喝酒是无所谓的。既然制度制定起来，我们必须要执行，包括我在内，也得遵守，没有任何人有特殊性。不能因为你是老职工，就不遵守，那怎么叫制度呢？厂里很多员工都趴着窗户在那儿看。准备看我笑话，看怎么处理。刚开始言语顶撞，意见特别大。最后按照制度该怎么弄就怎么弄。"工人们一看牛连理动真格的了，开始慢慢比照着制度，纠正自己岗位的坏习惯了。

不仅如此，牛连理还带着一些对制度有抵触的人到一些大企业去参观、感受。"因为我讲的他们都不相信，我说让你们一是通过看人家的宣传，二是实地考察，实地去看人家是怎么做的，我们现在怎么做的。人家当时是怎么做的，有的原来和我们差不多，但是经过3年、5年、10年发展，发生了巨大变化。人家能做好，我们为什么做不好？"

"前期的效果不明显，到后期，包括客户来我们现场考核，或者有的资质验收单位来资质审查，对我们有很大的肯定。有的前一年还来过，说这一年你们变化挺大的。客户来现场考察，说你们虽然在农村，进来后感觉到管理和好多市里的或者工业区的工厂比起来毫不逊色。物体摆放、生产各方面，看起来整体规范好得很。以前有客户问地址在哪儿？一听说在农村。就应付地说那去看看吧，到那儿看看也不一定跟他合作。现在大多数通过现场考察以后，说可以合作，这就是管理出了效益。"

牛连理的第一板斧砍下去，效果明显，打中了影响企业发展的穴位，还在员工中树立起了威信。

管理初露头角

"这件事你既然已经考虑了很多，为什么不去试一下，搏一下呢？如果自己什么都不了解，那是蒙着眼睛在做。现在知道我们的缺点在哪儿，优点在哪儿，这是有把握的，知道国家的需求或者外部需求，我们要把强势发挥好，把弱势改掉。"

当然，向一个乡镇企业推行现代化企业管理，远没有那么简单。"挺憋屈的。包括我爸不理解，下面职工也不理解。想到以后的很多事，心里难受。当时自己再有什么胆怯或者退缩的想法，也是不可能的。既然要做，肯定想把它做好，一定要坚持，让大家看到正面的、有利的一面以后，我相信他们还是会相信我们这些是企业长久发展所必须改变的。我老婆经常说难道你厂里没事吗？高兴的或者不高兴的，我说高兴的让大家高兴，不高兴的我一个人承受就行了。有一句话就说藏在内心的痛才叫真正的痛，所以也没必要说那么多。"

顶着压力进行企业制度建设，以身作则率先垂范。牛连理身教重于言教。通过一年多时间的整治，基本上改变了

打球是牛连理的业余爱好。

干净整洁的员工食堂。

整个公司的精神面貌。

牛连理的经营转机出现在黄河小浪底工程中标上。"经常盯着电视新闻看，看一些与自己行业有关的水电大工程。离我们最近的就是小浪底了，后来就一直盯着这个项目，一听说人家招投标，我们就立马去参加。当时跟我们同时竞争的企业有几十家，有些企业在国内排名还是靠前的。我觉得把自己最大的亮点表现出来，目标定好，千万种方式一定要往这个目标去奋斗。小浪底这个合同是我们必须要拿到的，我们要想尽一切办法。"这种志在必得的决心，是牛连理在历经各种压力和怀疑之后爆发出来的。"而且，这对企业整体形象也是一个很大的抬高，这是国家黄河上的最大工程，我们给人家做配套，做好后，肯定对我们的企业各方面有一定的影响。"

第一印象就是标书。"标书是初次见面第一印象，我们做的是高规格标书，评审专家一看，我们做事很精细。标书能做得这么精细，在产品品质上肯定做得也不差。这是专家后来的沟通评语。有一家企业，标书做得很厚，但是在装订的时候不容易卡住，专家在翻标书的时候，一翻居然散掉了。专家看了一下就扔了，就全部前功尽弃了。拿到我们的以后，人家还对我们表扬了一下。"初战告捷，牛连理很满意，但这才是第一步。"当时全神贯注地在投标现场，听专家的每一句话，关注每一个细节，对各个企业的评判，包括标书打开以后第一印象，里面打开以后有报价、技术，我们报价处于中上，价格一出来以后我们就挺高兴的。"

但这个项目却没有让牛连理赚到钱，成了赔钱赚吆喝的买卖。"因为在做这个标书报价成本核算的时候，有一条被技术员疏忽掉了。项目里有一个特殊要求，它是一个非正常的要求，一般工程都没有。国家大型工程为了保证万无一失，他们在标书上增加了这一点。我们在签过合同后，回来在执行生产准备采购原材料，下生产计划单的时候，我再重新翻标书审核的时候看到了这一条。我跟技术人员沟通，他说这个是无理的要求。我说这绝对是人家的特殊考虑。如果按照标书上做的话，我们肯定要有 20 万元左右的损失。如果不做，我们损失的不只是 20 万元，做生意从信誉角度来说，国家把这么大的工程交给我们做了，我们不能有一点点疏忽，所以必须按照这个做。既然合同签了，我们一定要把质量给人家做好，做得更加精准。"

接下小浪底工程之后，牛连理损失了 20 万元。但接下来的事情，让他真切地感受到了成功地和大工程合作之后的甜头。

"小浪底项目拿下来之后，第二天，我们的业务员说水利系统有一个项目，我们也去投了标。对方一看，说你们不是昨天刚刚在小浪底中标了吗？小浪底都做了，我们这边也没问题。有了做大工程的经历，人家就感觉你企业上了一个很大的台阶。"

企业在牛连理的手中渐渐变了样。从一家不规范的乡镇企业向现代企业转型，无论是员工素质还是产品质量，都为人所称道。但这背后牛连理的付出，只有他妻子才知道。"他在外面挺不容易的。这个厂子从小到大，一步一步地过来，经历了很多的风雨，挺过来了。筹集资金，员工流动，规模不断扩大，需要不停地招聘，需要管理，原材料各个方面都是他一个人，压力特别大。回家经常睡不着觉，没有在凌晨 1 点前睡过觉。都是在想事情，遇到有什么事，资金周转不过来或者在外边受了什么打击，回家从来不说。他说他不会把外边遇到的伤心事、不快乐的事带回家，那会让我们一家人跟着不高兴。对我们来说，他是一个好老公，也算是一个好爸爸。给我们的感觉很踏实，回到家对孩子也好，不管在外面多累，回家能干的事他都帮着我干。"

对经商创业有着近乎狂热喜好的牛连理，自然不会止步于眼前的企业规模和发展速度。他要提升，向国内一线电缆品牌企业看齐。

冲破创业封锁线

"不进步就等于退步。因为现在国内好多企业技术设备各方面都在快速地前进。我们以前就落后人家一点，如果再按部就班跟着人家走，能赶得上吗？人家在走的时候，我们在跑，人家在跑的时候我们大踏步跑。人家中途休息，我们不休息，继续跑，才能追上人家。"

经过牛连理全身心的付出，企业的管理渐渐变得清晰、规范，得到了越来越多客户的青睐和认可。产品由原来的经销商代理销售，开始变为针对大客户的主动出

击。这样减少中间环节直接面对客户，就可以获取最大利润。"首先我们从销售上找突破口。以前主要是以做经销或代理为主，我们做了两大调整，首先是成立工程和销售两个部门，还开一些直营店做市场批发，然后找一些有业务和推广能力的经销商。以经销维持正常的日常生产，工程做大单子为主。"

要拿大单子，就得和大单位竞争。"我们前几年在郑州竞争一个比较大的单子，同时参与的都是比较知名的国内一流电缆企业，人家的规模都是上百亿以上，我们产值就几千万。坐那儿有一种人家'高富帅'，咱是'土肥圆'的感觉。碰见大厂业务员，人家贬低你两句，还真是有苦说不出。"销售员周学科说起当年参与竞争时的失落感，现在还感慨万千。

对这种状况，时刻关注着销售的牛连理早就发现了。"看单子也拿了，大合同也有了，内部管理各方面提升了，别人都在向我们企业学习了，你们做得不错。那时候感觉还可以，在当地不错，出去一看感觉差距太大了，我要再不大踏步前进的话，就死掉了。"为了得到同行最真实的信息，牛连理在一些电缆生产大企业集中的江苏、浙江、安徽等国内做得好的地方，花了一个多月时间深入考察。

通过考察，牛连理一方面发现了自己与同行优秀企业的差距，更重要的是，他发现了这个市场的厚度和前景。"国家西部大开发、新的大火电厂的建设以及大城市发展都要用到很多电缆。我们以后会有很大的发展空间，国家的需求量在增加，我们很幸运在这个行业里面，就得做好准备，以分得更多的市场份额。做得越好，肯定分得越多。"建新厂，更新产品，成了牛连理接下来的必然选择。

建新厂房，全面更新设备，增加产品种类，这些都需要钱。而且对这个行业来说，牛连理知道，这个投资对他们全家意味着什么。"几千万的投资，把全家所有积蓄都押上也不够。我给我父亲说，你有两个儿子了，如果哪一天真没做好，亏得倾家荡产，我们要饭也不会让你和家里受一点罪的。"但这毕竟是父亲辛苦了一辈子的积蓄。面对一向稳妥经营的父亲，意味着一旦失败，以前的努力都前功尽弃。但这次令牛连理没有想到的是，父亲看到他如此坚决的态度，加上观察他做了几年，对自己儿子的经营能力有了全新的认识。"他说，既然你们想这样做，我也这么大年纪，我什么都经历过了，还怕什么。我说那就共同搏一下吧。我给自己定的目标是一年以内建成投产。"

在如此短的时间里，想完成这一个浩大的工程，对牛连理来说是一个近乎极限的挑战。"我们只要目标定好了，各方面困难分析出来了，就看怎么解决了，万事只找方法不找理由。既然看出困难了，我们还能没有解决它的办法吗？无论通过多少种尝试，我也要把它解决。包括前期我们建设考虑，什么都是按最快的要求，包括厂区的建设，我跟着工人，基本上每天工作18个小时以上。"

"新厂在2011年底建成。牛总的雄心壮志，加上政府的政策扶持，县里、乡里甚至省里都相当重视，列为重点工程，我们现在在县里面算是这个行业的龙头企业了。2011年以前，一般是十几万，最多就是几十万的单子，2011年以后，单子马上都上来了，新厂建好以后，上千万已经不算特别大的单子了。"销售员周学科的对比感受是最直接，也是最有说服力的。

这意味着牛连理成功了。

创业问答

记　者：您当初选择这个项目创业有多大的把握？

牛连理：把握还是挺大的。因为对这个行业从小耳濡目染，有一定的了解。有时候周末也回去给他们打下手，干点活，学习一点。然后平时看新闻或者看电视，了解国家政策、市场信息，还经常看企业管理这方面的书籍，分析这个项目的优缺点。我相信，把这些了解透彻了，只要用心做，坚持下去，肯定能做好。

记　者：您的创业心得是什么？

牛连理：首先对一个项目要有好的评估，周全的市场调研，再做多方面的分析，包括遇到困难的退路。就是什么事情都往最坏处想一想，把风险规避好。一旦计划好了，就要坚持做下去。

记　者：在创业过程中，您最后悔的事情是什么？

牛连理：最后悔的，就是沟通能力不是太好，在工作中跟我父亲，在家里跟我母亲都没有提前进行沟通或讲明自己的想法，让他们真是没少为我操心。

记　者：您自己的哪个特点让您觉得最痛苦？

牛连理：有点急功近利的感觉，急于求成。有时在听取别人意见的时候，不太

喜欢采纳，一旦自己主观想法形成后，很难改变，就造成了很多外部的新鲜思想进不去。尽管自己认为考虑得挺周到的，但在执行过程中，还是有一些漏洞。这些漏洞有时候有人向我提出来，我没有接受和采纳人家的意见。这是我个人性格挺烦的一个事，现在努力在改。

记　者：您认为创业应该具备哪些条件？

牛连理：用三个字简单总结就是稳、准、狠。稳就是前期找项目的时候，一定要做好所有的项目评估和调研，把各方面不利的因素或者最坏的因素都考虑进去。准就是一定要准确地抓好时机，找好所有的条件。这些条件都达到了，一定要果断地下定狠心，做的时候不能让任何条件和外部因素干扰到你，一定要下定决心坚持到底。

记　者：您创业除了赚钱之外，还有哪些追求？

牛连理：体现价值。体现个人价值，体现我们参与这个项目、参与这个企业的所有员工的价值，体现我们企业在社会中存在的价值。

记　者：您认为创业者应该具备哪些素质？

牛连理：不怕困难、不怕失败、敢于挑战、敢于创新，而且做事能坚持到底。产品创新、市场创新，包括现在企业规模的改变，勇于接受新事物、新思想，敢于接受挑战。

苹果醋里找出的商机

这是一个女大学生创业的典型案例。没有殷实的家庭背景，没有丰富的行业经验，全凭对项目的执着坚守，历经无计其数的挫折与困难，毕业离校4年时间，赚得6000万元身家。注贝贝，一个"创业灰姑娘"游刃于舍与得之间，性格质朴勤奋，大气而聪明。

每一个小女生都有自己的梦，注贝贝也不例外。如果她仅限于做梦，等待着白马王子的到来，从而改变自己的一切，那么她现在估计还在每天盼望着下班时间的到来。然而，她的梦，却与稚嫩、柔弱的身躯不相称——用尽全力改变自己和家庭命运。4年的创业经历，注贝贝的故事起伏跌宕，又精彩斑斓。

刘青青　王浩　文/图

从苹果醋开始

"想创业的原因很简单。第一就是想改变自己的生活现状，因为家庭条件不太好。第二我们在实习时给别人打工，就是做的这个项目。想着既然都已经做了，也熟悉和热爱上这份工作了，那为什么一定要去给别人打工呢？不如做一份属于自己的事业。还有一个原因就是大学毕业时正赶上所谓的'经济危机'，周围的同学去找工作时感觉比较难找。如果我们做一份属于自己的事业，能带动同学们一起发展，效果应该会比给别人打工要好。"

作为一个毕业才4年的大学生，想象中，汪贝贝的创业过程与其他有着丰富人生和社会阅历的创业者相比，更为单调并充满了机遇与运气。然而，经过多方采访之后发现，她并没有因为短时间的迅速崛起，而错过了任何一次命运给予成功者"苦其心志，劳其筋骨"的机会。

汪贝贝出生在河南一个并不富裕的家庭，6岁时随家人去了新疆并在那里长大。后来，她考回西安上大学，学习旅游管理。这就是她创业前的全部经历。然而，一个人的人生轨迹经常会在极短的时间内发生改变。

大学快毕业时，各种饮料销售渐入旺季。汪贝贝先后在雀巢、可口可乐等饮料公司实习打工。几个月辛勤的忙碌，让她收获颇丰。最直接的收获是，得到了1万多元钱工资；并且，认识到了实习不等于正式工作，周围的同学漫无目地四处找工作屡屡碰壁，还仅仅是为了每个月1000多元钱的工资；最重要的收获，是她发现了苹果醋这个项目。

"我在新疆长大，那边果子多。记得小时候放暑假，大部分时间都是在果园过的。因为很多老板到我们那里去收果子，我和其他工人一样去做暑假工，就是把别人采摘好的果子，一个一个用纸包装，放到箱子里。从小对果子很有感情，一直伴着我的童年。有很多农民每年收完果子，其实很可怜的，有时候果子在家里烂着喂猪，运不出去或根本没有销路，那时候就在想：长大了要当个大老板，把新疆的果

子都卖出去——简单而大气的梦想！如果我们把它深加工，提高附加值，最起码完成了童年的梦想。"

苹果醋所提到的"醋"，并不是厨房里的调味品，而是指以苹果汁经发酵而成的苹果原醋兑以苹果汁等原料而成的碱性饮品。这种醋，酸中有甜，甜中带酸，既消解了原醋的生醋味，还带有果汁的甜香，喝起来非常爽口。苹果醋能保健养生、改善疲劳、美容养颜。"那个时候苹果醋在整个市面上都是很少见的。我们也做过各方面的调查，其市场价格比较高。一方面找工作难，另一方面又感觉有这么一个好东西可以推广，如果我们能够打开市场，把销路做得很好的话，它的前景应该是非常可观的。"做饮料销售的汪贝贝敏锐地发现了这个行业里的宝藏。"一个苹果走出果园的成本价格最多不会超过7毛钱。如果做成一瓶苹果醋，在全国终端零售最低价格不会低于15元。价格相差20多倍"。

如此诱人的产品利润，与忙碌地找工作也不一定有适合自己的现实相比，汪贝贝觉得有必要让自己走和其他同学不一样的道路。她开始刻意留心产品的经营与销售。她发现，在这个行业里，有很多品牌饮料都没有自己的厂家，只需要注册商标、设计包装、选配方，做出样品就可以在招商会上找到客户。拿到订单后，再找有生产饮料合格证的工厂代工，就可以从中赚取差价。

说干就干。2007年，靠着自己实习期赚来的一万多元钱，又从一个同学父亲那里借来5万元钱，汪贝贝在郑州开始了自己的创业生涯。

"我们第一个公司是2007年1月成立的。因为那时候已经接触这个行业，知道每年3月份有一个全国性的糖酒招商会。成立公司以后，就开始做准备，印刷一些苹果醋的包装。经过两个多月的努力，拿着产品参加糖酒招商会。那时我们也没有自己的生产厂家，那些产品是找其他厂家来代工，但是口感和配方是我们自己搞出来的。第一个客户是湖南长沙的，他定了400多件货，订单也是现场签的。这对于当时的我们来说，是对自己的人生、事业的一种肯定，非常高兴。"这一笔订单，汪贝贝挣了2800元钱。"我刚开始做这个生意的时候，深圳有一家酒店来我们学校专业里挑选了8个女孩到那边去负责行政管理，底薪有3000多元，我也被选上了。妈妈说你这丫头有点不正常，你干吗不做这份稳定的工作，而去自己做苹果醋。"当汪贝贝拿到第一笔订单回款后，她当即给妈妈打了电话，说收到第一笔钱了。自已做事也不像想象中那么困难。

现实正如汪贝贝预计的那样，赚到了第一笔钱，让她初尝创业的甜头。因为产品包装设计新颖，价格也便宜，借助这种找人代工的模式，汪贝贝每个月都能卖出十多万元的货。不到一年时间，她就有了十多万元的积蓄。这对于一个刚离开校园的学生来讲，无疑是一笔巨大的收入。与其他埋头打工的同学相比，更有了炫耀的资本。丈夫翟宗伟回忆说："感觉我们做什么生意都没有问题，什么样的产品到我们手里，都能把它卖出去。"这样的转手买卖，倒手就来钱，对他们而言轻松又惬意。

这个时候，汪贝贝怀孕了。靠着这样的经营，他们期盼着幸福的来临。

陷入困境

"我们之前的所有积蓄，包括打工赚来的钱，再加上那一年多做生意赚来的钱，全部都赔进去了，还欠了 7 万块钱的账，那个时候我怀孕已经有八个多月了。我不太愿意说起那段经历。生意已经到这个地步了，我在两个月内没有能力把它挽回。在郑州也是租的房子，没有钱交房租，就只能回我爱人老家去了。"

毕竟是初涉商海，光是懂转手买卖和搞销售还不行，还需要全盘规划与管理。"第一个月真正赚到钱的时候不懂得管理。第一个月的订单也不少，有十几二十万元。这些钱一部分留到下一批货继续付代工费，另外的钱拿给业务经理，聚会、学习。大部分资金用在了大家共同开支上面，而不是企业管理。当时根本就没有想那么多，后期长远的思路规划都没有。"

隐约的不安全感一直笼罩着汪贝贝。她每次做结算的时候看到销售额在逐步增长，理应感到很开心，因为人生的价值得到了实现，但她觉得有另一番滋味在心头。"有一次，看到账户上上个月的销售总额到 100 万元的时候，当时不是特别开心，觉得好有压力。因为一直在别人厂代工，心里真的没有谱，不知道下一笔订单能否顺利生产并成交。如果我下一笔拿一个 10 万甚至 20 万元的订单给这个厂来

做，他们能否在我们约定的时间内发货？所以拿到钱，我也不是特别开心，觉得挺有压力的。既然这么多客户认可我们，就应该对得起客户。当时就在想怎么能够把代工的形式转变一下，有一个自己的生产基地。"这种心理上的危机感，让汪贝贝一直都有一种未雨绸缪的思想掺杂在里面。其实这不光是表现在心里，在账目上她也发现不太正常。"当时一百多万元的营业额有二三十万元的利润，感觉到很有钱了。因为需要流动资金发展更多的新产品，看着有钱，就大胆地投资，结果到头来还是没钱。感觉我们的生意越来越大，但家里一直没什么钱。我记得有一次一个月销了一百多万元，但是回去吃饭的时候说没菜了，家里也没钱，卡里也没有钱，只有米饭，吃不吃？结果我和贝贝只吃了米饭。那么钱都在哪？我们都说不清钱在哪里。后来一算，全在我们的固定资产、包装、成品、厂房各种各样的东西上了。"丈夫的一番话道出了原委，这让初涉商海的他们感觉到迷茫。

大量的资金被固定资产占用，流动资金就显得捉襟见肘。风险在一个代工厂老板卷款逃跑之后，引爆了。像以往一样，汪贝贝信任地给一家代工厂垫付了15万余元货款，却一直无法收到货。原来，这家代工厂厂长拿着钱跑了。"我记得很清楚，5月27日我们彻底关掉了创办的第一个公司。之前所有的积蓄，再加上那一年多做生意赚来的钱，全部都赔进去了，最后还欠了7万块钱的账。那个时候我怀孕已经有8个多月了，身上只有四百多块钱。因为马上生小孩了，生意已经到这个地步了，至少在三两个月之内我没有能力把它挽回了。在郑州租的房子，也没有钱交房租，就只能回我爱人他老家去了。"汪贝贝母亲得知情况，带上3500块钱从新疆赶到了漯河。"大部分的开支都是从这笔钱里面来的。去医院交了1400块钱，剩下的，我婆婆那边也出了一部分，都用在了月子里。我记得我吃得最好的东西，就是我妈从婆婆老家后面一个养鸽子的人那儿买的3只鸽子。"

如此大的困难，重重地压在了刚当上母亲的汪贝贝身上。是该老老实实地去上班，还是继续创业？现在看来，答案已然明了。但当时的她感受如何？"说心里话，真的没有后悔，没有觉得我真的不该做这件事或者怎么样，当时就觉得特别坦然。既然已经这样了，短时间之内我没有办法挽回，那就回家吧。反正当时面临的最大任务是把小孩生下来。然后满月以后，再考虑凑钱继续做，没有想过要放弃、后悔。只想我赔了怎么办？借的钱怎么办？原来借的每一分钱我都立有字据，即便赔了，最起码这是良心债，不可能抹去。"

就在汪贝贝计划着满月之后打一个翻身仗时，一个更大的噩耗传来。她哥哥听说妹妹坐月子连买补品都没钱，就准备去买渔网捕鱼卖钱给她买补品。就在去买渔网的路上，哥哥出了车祸，再也没有醒来。"我是单亲家庭长大的，哥哥扮演了父亲和哥哥的角色。那天夜里3点钟我接到电话，当天夜里从郑州买不到机票，就直接从票贩子手上买了火车票，坐了59个小时到了新疆，当时我生孩子还差一天才满月。在新疆待了半个多月，除了哭还是哭，看到我妈几次哭昏死过去，我一直在想，该怎么做，怎么撑起这个家。我没有办法去依靠别人，我以后要养我妈、养我的孩子，整个家庭都要去养，有这个责任、有这个重担在身上压着，我没有理由偷懒、放弃。"

一个接一个的打击，朝这个刚踏出校门不久的女孩袭来。被骗、欠债、至亲意外离世，每一件事，她都必须勇敢面对，逐一解决。她知道，自己只有继续把创业之路走下去，才能改变一家人的命运。

亏损后的坚守

"当时企业刚建成几个月，严重缺资金。订单多，没有设备生产不出来，比较着急。我问过银行贷款，人家根本不理会。他们的要求很简单，要么抵押，要么担保，如果什么都没有的话，那就免谈。如果再停到这儿的话，这个难关挺难渡过的。不能回头，必须得去做这件事。"

哥哥的去世给了汪贝贝极大的打击。料理完后事之后，她回到了漯河。"像变了一个人，原来还是一个很温柔的小女人，在事业上我主要负责，她还管得不多。回来以后她说我以后其他都不管了，一心一意把事业做大，不让别人看不起我们。咱们两个人全部忙事业，你管这一块，我管那一块，我们分开。我把我这一块干好，你把你那一块干好。从这件事之后，就明显感觉她从一个家庭型的人变成一个事业型的人了，疯狂地工作着。"丈夫的评价是最直观的。汪贝贝希望借助忙碌的工作，早日走出生活的悲痛。

未来，汪贝贝灿烂面对。

　　但此时他们小两口欠了几万元的外债，还没有还。单就启动资金来说，就是一个拦路虎。回到漯河的他们，两眼一抹黑，除了自己在农村的父母，谁都不认识。没办法，汪贝贝只好再回老家，找她的亲戚借。"回到老家去筹钱，有些亲戚认为她是一个小孩儿，刚毕业没有经验，有钱也不会借给她。最后我们看她实在过不去就帮着去贷款。"汪贝贝的姐姐对妹妹认定的事情，也给予了极大支持。

　　"当时企业刚建成几个月，严重缺资金。订单多，没有设备生产不出来，比较着急。我问过银行贷款，人家根本不理会。他们的要求很简单，要么抵押，要么担保，如果什么都没有的话，那就免谈。如果再停到这儿的话，这个难关挺难渡过的。不能回头，必须得去做这件事。"

　　最终汪贝贝东拼西凑借了不到30万元。她花了4万元租场地，24万元买设备，还剩下不到1万元做流动资金，这点钱根本不够用。为了省钱，汪贝贝跟丈夫翟宗伟经常晚上自己搬货，回到家后却发现连吃饭的钱都没有。"晚上发货，为了省三五元钱坐三轮车，四五件货，每人抱二三件，从一个物流走到另一个物流，几公里路，走得累了，我不歇她也不歇，累哭了她都不歇，然后晚上回家吃饭的时候发现什么都没有。"丈夫回忆起当时因为缺资金辛苦打拼的情形时很心酸。因为严重缺乏流动资金，即使这么省钱，汪贝贝也经常在接到订单后连买瓶子的钱都凑不出来。"2009 年 3 月底，我们去参加糖酒会回来接了很多订单。客户先打一部分定金过来，货到他那里余款再付过来。因为第一次跟加工厂合作，他们带着怀疑的态度来生产。那时候现金流已经断了，停产有 1 周多时间了。到处在借钱，一直凑不够。因为我们订一车瓶子，需要 10 万、20 万。"再加上人地生疏，刚回来创业，自己找到厂房、买了设备后正常生产，但是发现外部环境什么都不懂。想去贷款，办个证件，也不知道找什么部门。里里外外的事情，让汪贝贝觉得单靠自己埋头辛勤工作是无法解决的。

2009 年 4 月，汪贝贝得知河南省漯河市将举行万人创业帮扶启动仪式。在这个仪式上签约的创业者可以得到 10 万元以上的无息贷款，而且漯河市主要领导都会参加。正缺资金的创业者，听到这个消息都会动心思，汪贝贝也不例外。因为她刚刚开始，并不在参与之列。她只想能不能通过这件事情，让领导关注和扶持一下大学生创业。

"听说有这么一个大型活动，市里四大班子领导都在，就想到怎么样能够让这些领导认识我们。如果找人介绍的话，也不知道找谁能够联系上这么大的领导。想了想没有其他办法，最简单的方式就是直接到台上去找"。活动当天，当主持人宣布请领导颁奖的时候，汪贝贝端起自己的苹果醋饮料跟在礼仪小姐后面神不知鬼不觉地走上了主席台。她抓紧机会，给每一位领导发了一杯苹果醋。

汪贝贝闯会场的效果十分明显。"我刚下到后台，有人就过来说，你敢做这个举动，不怕保安把你逮起来。我说我不懂，就是想让领导品尝一下我们的产品。后来还真起到作用了。市里和区里的相关领导夸我有勇气，把我的电话留下，把相关部门的电话和负责人电话也给了我，说需要什么的话，我们帮助你。"汪贝贝没有想到，她的这一举动让领导们对她非常重视。"我后来找到那个领导，跟他说了一下我的实际情况。他说一个是资金，另一个是外部环境，能帮你的都帮。然后他就当即给我们区里的领导打了电话。时任区委书记的陈平知道以后，亲自带着区里的其他领导到我们企业去看。"之后的一周都没有任何消息，汪贝贝以为自己的举动

失败了。

没想到，2009 年 5 月的一天，陈平突然来到汪贝贝的工厂。"我到她租赁的工厂去看一看。当时看到设备正在安装，十几个小青年，积极性非常高，谈起发展他们都充满了信心。"原来上次离开汪贝贝的工厂后，陈平夫妻做担保帮汪贝贝贷到了 10 万元贷款。随后郾城区委办曹主任、卫生局吕局长等也陆续为汪贝贝担保 50 万元贷款。有了资金支持，她迅速完成了手中的订单。2009 年，她的企业年销售额达到三百多万元。

更为重要的是，在汪贝贝闯完会场不久，第七届中国（漯河）食品博览会召开了。因为上次闯会，她已经得到不少领导的名片。于是，汪贝贝就给每个领导发邀请函，告诉他们自己在博览会的哪个位置。"我当时打了一个很大的条幅在展位上，虽然展位很小，但条幅很大。当地的电视台、领导都过去看了，当时引起了很大轰动。"

傍品牌借船出海

"我们刚开始自己创业，场地比较小，环境也不好，品牌没有任何知名度，开发新客户很困难。他们说你这个厂小没有什么竞争力，跟大的厂家比较，我们绝对劣势。虽然说营销和市场推广我们做得可能比别人要好一些，但总体来说还是比较吃力。就想如果有一个大品牌能够一起合作的话，相对来说起点会高很多，发展的速度也会远远高于我们以前的老品牌。"

充实了流动资金，创业的外部环境也得到极大改善，汪贝贝开始大胆地拓展市场。"苹果醋是一个新兴行业，很乱。里面没有一个领头羊，没有一个有影响力的大品牌。大家都在卖命地竞争，做市场，大概有三五十个牌子同时在做。当时就想，如果自己能做成真正的一线大品牌，它的市场占有量会非常可观。"朝着这个目标，汪贝贝从产品质量和客户服务上苦下功夫。但是一个小厂，一个刚申请创立的小品牌，要在占据各种渠道的品牌商那里分一杯羹谈何容易。

"当时自己的品牌刚申请创立，没有什么知名度，知道的人不多。后来就想如果我们能够借助一个大一点的品牌，起点会高很多，发展的速度也会快很多。"汪贝贝分析，"首先，我们刚开始自己创业，场地比较小，环境也不好，品牌没有任何知名度，开发新客户很困难。他们说你这个厂小没有什么竞争力，跟他们大的厂家比较，我们绝对处于劣势。虽然说营销和市场推广我们做得可能比别人要好一些，但总体来说还是比较吃力。如果有一个大品牌能够一起合作的话，发展的速度也会远远超过我们以前的老品牌。另外，如果两个品牌同时做，一个做高端的，一个做低端的，相当于一个市场里可以找两个客户，这也是一种营销模式。相应地厂里的整体利润也会提高，销量也会增加"。基于这种考虑，汪贝贝觉得要找一个大的品牌商合作。

2009 年全国糖酒会在郑州召开，有一个人在展厅里到处转。"转到我们展厅的时候过来跟我们聊，聊我们对'海天'这个品牌的认识，市场规划，如何做产品，未来产品的前景分析之类的，互相觉得挺有共鸣的。当时他就说，我有几个产品需要找一些厂家来做，希望和对产品、品牌系列有共识的人，达成长期的合作伙伴。当时大概就聊了聊，也没有说我们可不可以合作。"这个人叫王××，国内大名鼎鼎的海天食品公司董事长。

没想到，第二天汪贝贝就接到王总的电话，说要到她厂里来看一下。"当时接到电话，王总说他要过来参观工厂，说了一个大概时间。我第一反应说太好了，终于争取到机会了。但是第二反应就是完了，他一来看到我们厂，什么都没有希望了。毕竟厂太小，我知道他们合作的要求是合作伙伴最起码场地面积是多少，有多少员工，大概达到什么样的产量，我们是远远不可能达到这个效果的，不知道接下来会怎么样。"事实也正如汪贝贝预测的那样。王总一到，看到简陋的加工厂，简直失望至极。"他应该是很意外，也很失望。我们产品做出来觉得非常高端，瓶形非常高端，包装也前卫。他觉得我们的产品，应该是一个非常气派的厂家生产的，不说有几百亩地，至少也得百十亩地的现代化工厂。王总看我的表情，我到现在还记得，他说，哇，贝贝，你们厂怎么是这样的？我当时也蛮不好意思，说，王总，前期我们创业就是这样，我能力所能达到的也就是这样，再扩张的话就需要像你这样的有识之士共同合作、共同开发，这样的话，相信我们发展会很快。我说你也看到我们的产品、理念，包括营销都做得非常好，唯独就是资金跟不上，所以我们的厂暂时没办法跟大厂去比。"听了汪贝贝的介绍，王总当场未置可否。他当天没有走，住了一晚上，双方有机会进行推心置腹的交流。"他说你们在创业，7年前我也在创业，我想听一下你们对未来的规划，看看你们有什么想法，也许生意做不成，大家可以做朋友。他说这样，咱们前期真的合作不了，就当个朋友来做吧，很好的伙伴、很好的朋友，以后咱们有事可以经常沟通，有什么好的项目可以共同来合作。但是目前的首要任务是把你的场地扩大，设备上全，然后再过来跟我谈合作，这样的话，你就有资本了。但是现在，只能说是朋友关系，这个产品真的不适合。然后晚上大家一起吃顿饭，第二天早晨他很早就走了。"

但是，和大品牌合作，是汪贝贝努力的目标，放在眼前的机会又怎么能错过。为了能在众多同行竞争中，能赢得和海天合作的机会，她决定放手一搏。

加入"海天"大家庭

"我觉得人都是有感情的。做生意比较理性、讲原则，你既然已经付出，并得到认可，就证明你的付出是值得的。如果我做了这么多，没有被对方认可，那只能说明我做得不好，并不是说他怎么抛弃我们。我没有想过如果他不跟我们合作了会怎么样，因为当时他找了很多厂家，大家一起来做。在这么多厂家里面，大家做一个对比，如果我们在所有厂家里面是做得最好的，他没有理由不跟我们合作。"

虽然海天第一眼没有相中自己，但汪贝贝觉得命运已经给她打开了一扇窗。与其他竞争者相比，至少他们之间有过真诚的沟通和交流，她觉得，大家终究会找到共通点，成功合作。"经历这件事以后，中间我们应该有半年多的磨合，我经常给他打电话或者发信息。终于有一天，他说要不这样吧，贝贝，我现在手里有3个产品，我们其他厂家还没有做，是新品，我给你做吧，你尝试一下。他就把标签的设计稿给我了，其他什么东西都没有，像箱子这些东西都没有给。他说，我给你设计稿，然后你自己做，第一批的包装费我来出。"经过自己不懈的努力，海天终于被撕开了一条合作的口子。"我说第一笔的包装费还是我们出吧。我考虑的是，让他出包装费，如果产品做出来不好的话，那以后就完全没有合作的机会，就相当于砸了。我说为了表示诚意，第一笔的包装费我来出，你每次只需要我货发到以后，你如数把货款打给我就可以。可能他们感觉我们夫妻两个也比较实在，就同意了。我们就开始做。一般来说我们接订单3～5天之内发货，他那个订单接完第二天，我就把厂里所有的东西全部停了，全天做他的。做完以后第三天早晨就发货，一周多时间他就收到了。当时的第一反应说口感不错，但是你的包装外箱整体质量没有跟上我们集团要求。我们就一步步改进，当时箱子不敢做多了，就几千个几千个地做。大企业通常做几十万，我们做不起，压不起那么多资金。第一次做了三千多个箱子，不合格，我们果断全部淘汰了，然后又按照我们当地纸箱厂的最高配置来重新做箱子。第二批货开始的时候王总说质量做得不错。如果一次把所有的包装全部印成专用的，我们垫不起，就一步一步做，发过去一步一步地改进，从标签、箱子、盖子，一直到上面的热缩帽，小到合格证、外围粘的胶带，最后全部都印上海天的LOGO做成海天专用的。而做这一切工作都是在他们不知情的情况下做的。我每次发过去，他们都会打个电话或发一个信息过来给予肯定。我觉得这就是一种进步，最后把胶带也全部做好以后，我用快递的形式发到他们那边去了。他们办公室应该有两三个人，包括王总、他手下还有一个伙伴，当时王总就打电话来说，贝贝，我挺感动的，觉得你这个售后服务和对客户的关心这一块，做得真的挺好的。说真的，我做这几年生意，我觉得我远远不如你，他说了这么一句话，虽然是谦虚的话，但是自己的努力被肯定了，还是蛮高兴的。"虽然成功合作之后，汪贝贝说得有些轻描淡写，但用了将近一年时间做完这些工作，汪贝贝是顶着巨大压力的。

"我们负责生产的厂长和下面的人说，你们俩口子是不是有点不正常？把自己的产品全部停了，去生产这个产品。前期还全部自己垫资，而且是按成本价一分钱不赚，有时候还赔自己的工人工钱，你们俩是神经病吧?"但丈夫的支持，给了汪贝贝极大的动力。"我说三五年之后，咱们自己的牌子也许还是一个不知名的牌子，你需要打很多广告，还做不起来一个名牌。现在就有一个很有影响力的品牌，把这个品牌做好之后，我们的小品牌跟着它也能发展。他们说大品牌不一定能做

好，这个做砸了，说不定赔得一塌糊涂，你投几百万进去，还不如投咱自己的品牌，投完之后咱起码挣钱了。投别人的品牌咱们一分钱不挣，将来说不定还要赔钱。万一做大了还会有一定的纠纷。"汪贝贝用她或许并不老练的思想，来体验这个社会。她没有计较得失，没有考虑风险。"当时就认定这个品牌、认定这个合作伙伴，就是想用自己的努力，用自己的真诚，用我们的全部努力做到最好，把这个长期的合作订单拿下来。当时没有把他当成一个客户来对待，只是想着把他当一个朋友，一个以后可以长期合作的战略伙伴。我觉得人都是有感情的。做生意比较理性、讲原则，你既然已经付出，并得到认可，就证明你的付出是值得的。如果我做了这么多，没有被对方认可，那只能说明我做得不好，并不是说他怎么抛弃我们。我没有想过如果他不跟我们合作了会怎么样，因为当时他找了很多厂家，大家一起来做。在这么多厂家里面，大家做一个对比，如果我们在所有厂家里面是做得最好的，他没有理由不跟我们合作。"

2010 年秋天，已经 1 个月没通过电话的王总突然打电话给汪贝贝。"他当时打电话说，贝贝你最近会不会出差？我说不出差。他就说大概哪天会过来，那天你在吗？我说应该是在的，我问他有什么事？他说没事咱们见面再谈。我的第一反应，完了，是不是产品有问题，或者说包装有什么问题。一般我们客户来厂里要么就是要市场条件，要么就有问题。做生意都很忙的，平时大家因为私人关系走动得不多。"就在汪贝贝忐忑不安的时候，王总到了。"我们一个团队突然到她的工厂，就是想要实地看一下，她工厂进步得怎么样，改进得怎么样。作为商人跟她一起合作，应该是互惠互利、双赢的，这一点我很有信心。另外也是内心想看到她将来能够做出一番事业出来。"

原来王总意识到汪贝贝产品包装的质量明显高于其他厂家。在跟汪贝贝见面细聊后，王总决定把所有饮料类产品交给汪贝贝做，并投资与汪贝贝合作建厂。借助知名品牌的力量，2011 年汪贝贝的销售额增加了十几倍，达到三千多万元。

"舍得"营销发扬光大

"我们可以出所有的费用，但前提必须是运用到市场推广上。只要在合理承受范围之内，我们都会接受。因为这不仅仅是对客户负责，更重要的是可以推广我们的品牌，我们和客户应该是合作共赢模式。你帮客户打开销路，他的产品卖得好，自然而然我们厂里的量也就上来了。"

有了前期的发展，汪贝贝的饮料厂如虎添翼。无论是硬件设施，还是产品产量、质量都上了一个台阶。

作为产品生产企业，最重要的环节是销售，怎样才能获得最大的利益？卖得好，不等于赚钱多。在这方面，汪贝贝是有亲身体会的。"在实行这个政策之前，我们大部分客户订货以后，比如说我们首批要求他发货可能20万、30万，他订货以后，我们会派人帮他做市场。当地客户如果销售做不好，我们还会过去定期培训或者做其他的服务，就是人员和平时的广告投入费用。慢慢地客户就说，平时你只自己想我生产出来的货给客户压多少，但不站到客户角度上想。你厂家光给我货，并不帮我销，完全靠我自生自灭，你把货给我了，万一我销不掉怎么办？后来就总结出经验了。其实客户并不担心你厂家生产量有多大，给他多少货，便宜不便宜，更多的是，我拿到产品以后，能否把它销出去，得到多少利润。"

有了具体的市场经验，汪贝贝的思考层面站得更高，眼界也更宽了。"很多厂家最看重自己的产品能不能卖出去，我们不能也这样，我们更侧重于客户能不能把市场做开。所以有时候客户会提出一些条件，你能不能给我多返一些利，厂家有没有什么支持提供等。我们是自己的公司，政策的申请相对大厂来说更加简单。但前提必须要看到实体东西，比如说客户他要做车体广告，我们指定一起去采购，采购回来车体广告全部喷好，这个钱可以一步到位。还有平时他可能会做一些公交车的广告、当地的影视广告、促销广告之类的。像在超市有可能会做堆头、陈列这一块，都可以跟我们谈，前提是所有费用必须要运用到市场去。只要你运用到市场的费用，在我们合理承受范围之内我们都会接受。因为这不仅仅是对客户负责，更重要的是可以推广我们的品牌，属于合作共赢的模式。你可以帮客户打开销路，他的产品卖得好，我们的产量也就上来了。"

宁波是印证汪贝贝市场推广的成功案例。"施总来我们厂家跟我们谈之前，我们的业务经理去待了好几天。平时正常谈业务就是一两天，我们业务经理去跟他谈

了好几天，一直没有完全敲定。施总做生意非常讲究、非常有原则。他来我办公室的时候说，这样，咱们过来聊聊天，说一下咱们合作的问题。他说我有几个顾虑和问题需要你们厂家帮忙解决，第一个是什么问题，第二个是什么问题，我要做市场需要什么样的支持，你可不可以做到。我们说什么样的可以做到，比如说一次定50万，我送他两辆车，面包车大概就是4万块钱，送两辆车给他，要什么车型、车体广告怎么喷、大概要什么时候落实，这个产品他订货什么时候能到他那里，每说一件事施总的助理都会把它清楚地写下来，写完以后就问这条确定可以吗？我说确定可以。那条可以吗？也可以。如果有不行的，我就直接说这个绝对做不到，也有否定的也有肯定的。最终把所有肯定的问题全部都写上以后，他说这个需不需要盖公司的章之类的？我说施总，我是公司法人，我来给你签个字就可以生效，确定以上的东西我能给你做支持。虽然另外还有合同，为了能够让他更放心，我就现场在他的本上签字，每一条、每一款都签字。就是说我们厂家同意做到这个要求，同意支持政策，都属于签字生效的那种感觉。"

如此认真的客户，对汪贝贝来说，也许有些挑剔。但汪贝贝知道，他的这种挑剔，恰好也是在帮助自己在市场上立规矩。"我们答应给施总支持8万块，除了这8万之外，我还支持他市场人员工资。但是他要求不需要我们派业务员，只需要把人员工资给他们。当时我们说也行，反正每个月3000块钱。他说我从打款中直接扣掉，先扣3个月的，我说肯定不行，我给你的钱是让你做市场，肯定是以货的形式补。他非要扣现金，因为这件事讲了两天他才同意。"

进了40万元的货，前期市场单两辆车就投入了8万余元了，摆明这个市场进的几批货都是亏着在发。但汪贝贝本着市场开发原则制定的策略，希望一切都以先"养"市场为主。"主要是出于为市场考虑，这个8万块钱做市场运营费用，做两个车体广告，平时可以送货做宣传，能够更好地让别人看到我们这个产品在市场上流通。平时送货有自己的专用车，感觉很正规。另外这个费用里面还包含做公交车的车体广告，平时人流量大的地方，自然是一种无形的宣传，对市场的开发很有好处。应该说前3批货都没有利润可谈，主要是想把市场做起来。我们的想法很简单，就是厂家和客户共同来开发市场，把这个市场共同做起来。市场做起来，产品的流通量大，下来以后我们的利润就可以回来了。"

硬件的配备，前期利润扶持，给经销商放开手脚做大当地市场打下了基础。另外，汪贝贝还往各地市场派去促销人员协助，如果在当地招聘的促销人员，则必须要经过他们培训才能上岗，这样就更有利于产品和品牌的认知推广。

从2012年开始，受物流和工资成本上涨影响，当地许多中小型饮料企业纷纷倒闭。而因为有了给经销商宽松的销售政策，有了强大的市场帮扶措施，汪贝贝的订单量却呈现出暴涨的势头，工人需要满负荷地加班加点才能完成。

现在，汪贝贝不仅自己生产几十种饮料，还为其他厂家代工，产品遍布全国，带动河南省漯河市三百多人就业，年销售额六千多万元，固定资产也超过6000万元。

创业问答

记　者： 当初选择这个项目有多大把握？

汪贝贝： 选择就没有想风险，只是一味地想着怎么做。因为刚开始大学毕业前就涉足这一行业，轻车熟路的，应该有100%的把握，没有想过以后失败会怎么样，只是做好了吃苦的准备，没有想过我中间会经历什么挫折。从刚开始选择的时候，就想着一定要把它做成，没有担心以后能否做成，没有考虑过这个问题。

记　者： 在创业过程中您最后悔的事是什么？

汪贝贝： 其实我觉得创业并没有大家说得那么难，遥不可及。就是选择一份自己喜欢的事业坚持不懈去做，遇到困难也不要想着放弃，要想怎么去解决。我觉得创业无非就是多吃点苦、多坚持点。我们做创业这一圈的人，大家经常会说这么一句话，就是说其实创业的路上并不拥挤。因为坚持的人并不多，坚持到最后的人更少。跟我们一起做生意的，我见到的中途放弃的特别多。即便你流泪，也要躲到被窝里流泪，出来的时候你要呈现一个非常有激情，非常有战斗力的自己，最起码你不能害怕。我觉得我最后悔的事是没有把心理学这堂课学好，我思想比较简单，经常是有什么事，积极主动去做这件事，不顾及太多他人的想法，我觉得我吃亏最多的就是在这件事上。

记　者：创业过程中您自己的哪个特点让你觉得最痛苦？

汪贝贝：我最痛苦的一个特点应该就是我不够沉稳的性格，因为我在西北长大，做事比较豪放，可能有时候真的不是特别稳。

记　者：您认为创业者应该具备哪些条件？

汪贝贝：我觉得条件应该是有两方面的，比如说如果你有资金，那接下来你的主要任务就是找一个非常好的项目，把这个事业当成你的兴趣爱好去做。还有一个就是你非常懂技术、懂行业，但是你没有资金，那么你也可以寻求其他的帮助，简单地说，一是资金，二是做自己最擅长的事，应该是两者要具其一，你不能说两者都没有，那就无从谈起了。

记　者：您创业除了赚钱之外，还有哪些追求？

汪贝贝：创业首先是责任，就是能够把家里所有的重担承担起来，让家人过得好。第二就是能够实现自己的人生价值，做一份值得骄傲的事业。我目前的追求，就希望能把我们这几个厂都做好，把品牌做大，接下来我最终的追求应该是能够实现产业化。我还有梦想，在能力有余时，办个福利院。

假牡丹换真财富

　　2012 年 7 月 30 日，在"光耀香江"香港回归 15 周年大型颁奖典礼上，一套作为奖品的牡丹瓷从颁奖人手中，逐一颁发给受奖人，他们是董建华、李嘉诚、刘德华……这款瓷器不是来自有"瓷都"之称的景德镇，而是来自中原河南。生产这款瓷器的人叫李学武，河南洛阳人。此时，他正激动地坐在台下，看看自己的作品受到万众瞩目。

　　时间倒转 15 年，他只是一名月薪只有 505 元钱的保安。1997 年，没有任何销售经验的他决定闯一闯销售领域，卖雷管炸药。靠一种新的销售模式，他很快捞到了人生的第一桶金，年入近百万元。2007 年，因为战友一句漫不经心的话，他拿出卖雷管炸药挣的钱，砸进一个不切实际的事情上——他想做出永不凋谢的牡丹。这听起来简直不可思议。可是最终，他把空想变成了现实，研发出轰动世人的牡丹瓷，甚至被人称为在陶瓷上"种"牡丹的艺术家。

　　人们总是赞叹花开时的惊艳，却不知它经历了怎样的风吹雨打。让我们听听李学武的故事，看看一个门外汉，究竟是怎样把牡丹盛开时的美丽留下来的。

邱燕妮　吴兆坤　文/图

年入百万的特种兵

"2007年，我几个战友来洛阳，正好是牡丹花会的时候，我就想带他们去看牡丹花，结果那年五一下大雨，去了没看成，只剩残花败柳了。然后一个战友就说，要是这牡丹花能永不凋谢就好了。我一听，对啊，我就要做出永不凋谢的牡丹。"

1989年，18岁的李学武到山东一个防爆团当了一名特种兵。1994年退伍后，他被分配到当地一家炸药厂当搬运工。没干几天又应聘去做保安，每个月的工资只有505元钱。李学武就住在炸药厂里面的厂房里，每当看到别人下班走出厂门，他都很难过。因为只有自己往门里走，别人白天工作过的厂房就是他的住处。

保安的工作简单，没有挑战性，拿着糊口的工资，日子过得平淡如水。1997年，一次让他大显身手的机会降临了。厂里内部竞聘销售，100个里面选10个。李学武想试一试。出乎意料的是，从没学过营销的李学武居然考了第二名。当记者问及原因时，李学武半开玩笑地说："我觉得我天生就是做销售的料，可能是当兵时候留下的气质，面试时候坐得直。"

李学武说自己天生就是做销售的料，一点都不夸张。当兵的经历，不仅让他拥有健康的体魄，也让内向的他变得开朗、好强。刚开始做销售，他最长一个多月没回家，跑遍了江浙很多地方，新买的皮鞋都走得磨破了鞋底。那些经理不见他，他就在公司门口等到他们下班。最难打动的一个人，他一个月找他一次，一年至少找了12次。以这种锲而不舍的方式，李学武打开市场，累积了不少客户。2002年，他向厂里提出了一种新的销售模式——价格买断制，就是把炸药按厂里的相关规定买出来，他再转手卖出去。这样可以卖出更多的产品，厂里自然很高兴。依靠这种方法，加上几年的销售工作中积累下来的客户关系，李学武一年就能轻松赚到近百万元。

可从2008年初开始，李学武在几个战友来访之后不久，他的行为却突然怪异起来。李学武辞了职，不要这赚钱的金饭碗了。

很多人都不理解，市场都跑开了，每个月有那么丰厚的收入，为什么要辞职呢？李学武的原单位领导也说："一般人都不会放弃这么安逸的事业，我感觉他会后悔。"

辞职后的李学武，开始瞒着家里人偷偷带着妻子三天两头就开着车往外地跑。2009年7月的一天，更是做出一件让他现在想来都后怕的事。这天，李学武开车带着妻子走在高速路上，半路发现机油箱开始漏油。因为车跑得快，油全都甩到后面的玻璃窗上，玻璃上黑乎乎的一片。机油都漏完了，李学武竟然买来2桶货车机油一边走一边加，硬撑着又跑了几百公里才从高速路上下来。而这时，坐在副驾驶的妻子正怀着5个月的身孕。"我和人约好时间，就是不想失约，继续跑。最后修车的时候，人家说你再跑车就完蛋，说不定要出什么大事故，我一听真是吓一跳。"

李学武辞掉年入近百万的工作，带着怀孕的老婆到处跑，就连汽车漏油还要连夜赶路，是因为战友的一句话，让李学武觉得自己发现了一个商机。

每年4月初到5月初，是牡丹盛开的季节，洛阳都会举办牡丹花会。2007年5月初，李学武当兵时的几个战友约好一起来洛阳看牡丹花。结果五一下了一场大雨，只剩一地散落的花瓣。跑那么远去看牡丹，不想却只看到残花败柳，几个人深感遗憾。晚上吃饭的时候，一个战友说，要是这牡丹花能永不凋谢就好了，啥时候想看就能看。一句无心的话，在座的所有人都没放在心上，李学武却上了心，因为他发现其中蕴藏着一个巨大的商机。

每年在洛阳文化节期间，赏花看花旅游的游客在逐年递增，一个月时间，能接待中外游客近2000万人次。在李学武看来，既然每年牡丹盛开都会吸引上千万游客来洛阳看花，那要是能有永不凋谢的牡丹，一定也会有市场。

而且此时，随着国家许多大型基础设施建设的相继完工，长期在市场第一线跑的李学武，第一时间感受到了这种变化。明显感觉雷管炸药生意没有以前好做了。他毅然辞掉工作，拿出多年的积蓄，要做出永不凋谢的牡丹。

可具体用什么材料才能做出永不凋谢的牡丹，他也不知道。

为了把空想变成现实，他查阅了大量资料。带着妻子到全国各地考察，到浙江东阳、福建仙游看木雕，到扬州看玉雕。两年时间，他们跑了将近20万公里，足迹遍布李陵、汝州、德化等著名陶瓷产地。最后到景德镇，那里的珐琅瓷让他眼前一亮，它的色彩比木雕、琉璃和玉雕都强很多，他当即决定就用景德镇的陶瓷做牡丹花。可这时，他对陶瓷的全部了解就是吃饭用的盘子和碗。

所有人都认为不可能的事情，一年后，李学武竟然琢磨出了用陶瓷做牡丹花的方法。

门外汉要做永不凋谢的牡丹

"最难受的时候，五折都卖了，没办法，一个新的东西出来，我也不知道它的生命力究竟有多长。在最困难的时候，我跟我老婆商量，我说要不真别干了。最后一想，三百多万元投进去了，不干就等于一切清零，几年的收入全都没了，不甘心，绝对不能不干，不能因为销售不行就放弃，咱再找找原因。第二天起来，我精神抖擞地去上班。"

2009年12月，李学武采用白度高、可塑性强的豫西山区特有的高岭土为原材料，效仿景德镇做陶瓷的方法来烧制牡丹瓷，他凭着想象做牡丹花，把自己的想法融入瓷器中。但第一批用彩泥烧出来的牡丹花让他大失所望，颜色完全失真，太死板，跟想象中的牡丹花大相径庭。

为了做出与真牡丹相媲美的牡丹瓷，李学武没事就跑到公园里去看牡丹，看下雨天的牡丹，看雾中的牡丹，看风吹起来的叶子、花瓣是什么样的。他仔细耐心地研究牡丹花各个品种的颜色和特点。有时候出去考察，李学武无意中都会去买陶瓷和工艺美术相关的书，家里的床上和地上到处堆着与陶瓷相关的书。就算是晚上11点回到家，睡觉前他都要看书，经常看得睡着了，书掉地上自己都不知道。只要听说哪里有水平高的人，李学武都会跑去拜访。他将沿途碰见的难题、自己的想法，以及老师说得比较精辟的地方，都记在了笔记本上。面对记者，他找出当年用过的笔记本，上面写得密密麻麻，全都见证着他的努力。他说："这一本估计有20万字。"

用彩泥烧出来不行，他打电话给清华大学陶瓷系任教的老乡章星。"他让我改

彩，前期我们用的还是很低的温度，200℃，后来改到1050℃才涂上去的。"章星回忆道："开始我也觉得怎么可能做出来，后来才知道他沿路去学，只要是牡丹瓷能用到的工艺他都去钻研，要把它弄懂。有时候会被他的这种精神打动。"

2010年3月，李学武拿出卖雷管炸药挣的六百多万元，建了厂房，还聘请了一些技术人员来完善工艺，4个月不到就把家底全投了进去。按照章星的方法，李学武又改成釉上彩，不停地进行实验，改颜色，改花型，改神韵，严格按照洛阳牡丹花的品种和花系来分，一边琢磨，一边进行烧制。2010年4月3日，87件牡丹瓷烧出来了。功夫不负有心人，最后，集五大官窑的烧制、粉彩涂抹、景德镇的彩釉、德化的白瓷等技术为一体，他研烧出了永不凋谢的瓷牡丹，花瓣最薄的只有0.1毫米。

2010年4月10日，首批牡丹瓷在洛阳牡丹节上正式登场。李学武心里激动万分，他心里盘算着，4月份能销40万元，5月份能销二三十万元。如果牡丹瓷能通过牡丹花会一举成名，销路从此就不用愁了。但没想到他剃头的挑子一头热，牡丹节上，他的牡丹瓷叫好不叫卖，说好的人多，买的人却寥寥无几。"除了4月牡丹节有游客买了几件，接下来的3个月几乎一件都没卖出去。"

产品没有销路，市场严重估计不足，眼看着6月10日又要发工资，账上却没有一分钱。"五折都卖了，没办法，一个新的东西出来，我也不知道它的生命力究竟有多长。"李学武走路有气无力，回到家很颓废地坐在沙发上，像霜打的茄子，他甚至一度怀疑自己是不是投资失误。"如果照这样继续干下去，还要发工资，还得研发，还得投入，七八万块钱又要往外拿，以后的路不知道什么样，说不定投入更大，再弄不成怎么办？脑袋嗡嗡地响，真的有敲退堂鼓的想法了。"

2010年6月9日晚上，李学武扛不住了，他对妻子说："不行咱撤吧，琢磨干点别的，这个没市场，太累了。"毕业于南京理工大学化学系的妻子，一直支持李学武的事业，"仅仅因为销售不行而放弃，太不值得，我们再找找其他方面的原因。"妻子的鼓励为李学武打了一剂强心针，他觉得自己已经没有退路了。"如果不干了，又不甘心，几年的投入付之东流。再找不到很好的工作，一家老小就得跟着自己受罪。而且这里面还有我亲戚朋友的投资，虽然钱不多，我一不干，他们跟着全完蛋。"如果继续干下去，说不定还有成功的概率。一晚上，夫妻俩总结经验，分析原因，最后两个人一致认为问题出在两个方面：一是宣传力度不够，二是产品太单一。经过这样一分析，仿佛拂去了李学武心头的阴霾。他不再纠结于干还是不干，只有铆足了劲儿往前冲。

第二天一大早，他精神抖擞地去上班，用借来的 10 万元钱发了工资。夫妻俩又开始行动起来，一边联系记者做宣传，一边跑到景德镇找素材，不断创新，将产品以牡丹为基础，进行多样化产品开发，陆续研发出花盘、壁挂、盆景、屏风等一百多个品种。

不久之后，李学武就在这样的情况下，揽了一件需要借债 20 万元才能做的事。还跟员工保证，借了这 20 万元，他们马上就能一个月至少收回 50 万元。对于李学武的话，员工都觉得是天方夜谭，一分钱都不销售，突然一个月卖 50 万元，难道 2 个月就能出一个百万富翁不成。

李学武的预言没有错，不久之后的一天，他果真一夜财富爆发。

难忘的 8 月 26 日

"我朋友知道我在做牡丹瓷，正好商务局也在找比较有特色的素材。当时谁也没有想到有 8 月 26 日那个结果，他们也只是说找个特色，因为唐三彩、画都去展现过了，感觉我们的东西还有点新颖。我当时也没想那么多，就是 7 月份的时候，反正正好我们在创业，不大不小在郑州也是一个宣传的机会，这个事就定下来了。"

2010 年 8 月 26 日，是所有牡丹瓷企业员工终生难忘的日子。这一天，发生了一件轰动整个郑州的事情，并由此开启了李学武千万财富的大门。而就在此之前，李学武的口袋里只剩下 300 元钱，六百多万元的积蓄被花得精光。他究竟做了什么，才扭转了牡丹瓷的命运呢？

2010 年 7 月，李学武接到洛阳市商务局的电话，让他参加在郑州举办的第六届河南省投资贸易洽谈会。这次展会主要是为了省内一些大型项目招商而设立的，为了让现场不沉闷，增加亮点，商务局想找一些特色企业来烘托气氛。以前唐三彩

李学武在"光耀香江"香港回归15周年颁奖礼晚宴上。

刘德华持牡丹瓷花盘与李学武合影。

和画都展现过，一位在商务局工作的朋友知道李学武在做牡丹瓷，感觉牡丹瓷还挺新颖，而且融合了洛阳的牡丹文化。商务局联系到李学武，李学武想都没想就答应了。对他来说，牡丹瓷正是急需宣传的时候，任何机会他都不会放过，而这次展会无疑是个活广告。

李学武就这么被找来当陪衬，为了给别人当绿叶，他却要借债20万元生产参展产品，还要带着全部员工一起去郑州。这么多人一起去郑州，吃喝住要花钱，还有展位费。员工林峰觉得没必要，派销售部2个人去一趟就行。李学武却坚决不肯，不管怎么样，他一定要把这个展会拿下来。

2010年8月26日，展会如期举行。李学武的牡丹瓷摆在正对大门很显眼的洛阳展馆。开幕式结束后，领导开始巡展，加上随从和记者，上百号人一从大门进来，就被一大片富丽堂皇的"牡丹"吸引，领导团直奔李学武的展位，其中就有时任全国政协副主席的张怀西，他看李学武的牡丹花花色自然，花叶薄如纸张，叶脉清晰可见，可与真牡丹相媲美，便很惊奇地问李学武："这是用什么做的？"李学武从来没见过这么大的领导，一时激动地说不出话来。他结结巴巴地说是用手工捏花来做成的陶瓷洛阳牡丹。一听是陶瓷做的牡丹，所有人都很震撼。"这么薄，有创新性，太漂亮了"，领导一个劲儿地说好。没有想到现场能引起这么大轰动，展馆前面被围得水泄不通，跟小型牡丹花会一样，用陶瓷能把花做成这样，都说太神奇了。有人当场就买走了李学武做的屏风。

因为刚生孩子不久，妻子没能和李学武一起来参展。展会一结束，李学武就拨通了妻子的电话。"两年多做到现在，最值得分享的人是她。我说你猜猜，猜猜感觉，她说差不多吧，我说不是一般的差不多，是特差不多。"这一天，李学武心里就像喝了蜂蜜一样甜，那种压抑的感觉终于释放了。"心里面很亮堂，掩饰不住高兴，晚上打电话给关系好的朋友，眉飞色舞的，那种感觉语言表达不出来。"

本来是被找来作陪衬的，李学武的牡丹瓷却反衬为主，一炮而红。第二天，用陶瓷做的牡丹花登上河南各大媒体，知名度迅速提升，3个直营店每天不断地有顾客上门，甚至有人专门跑来看牡丹瓷到底长什么样。3天时间就卖了七八万元钱，前几个月积压的产品很快就卖光了。他和销售团队随时都在准备行动，只要一来电话，他们亲自开着车送，李学武感觉自己像回到了当兵的时候。

2010 年 8 月的这次展会让李学武快速打开市场。2011 年 9 月，李学武扩大了规模，把工厂搬到当地有名的旅游景点牡丹宫里，吸引了更多人气。2011 年销售额就达到两千多万元。

赔本的大好机会

"我以为他们是拿钱来买，后来他说你都赠送算了，这对你牡丹瓷在香港宣传肯定有很大的作用，香港如果做起来，对以后牡丹瓷有非常重大的意义。他说你也别着急，想通了给我回个电话。第二天我就给他回话，说就按照你的意思来。他说你算算 135 件总共多少钱。我设计作品，准备了 4 倍的货量去做，18 件都是翻了 4 番去做，最起码做出来需要一百多万块钱。"

郑州展会的告捷，给他带来了一个让他做梦都不敢想的机会，可这个大好的机会，最初却只是一笔赔钱的买卖。2012 年 5 月初的一天，李学武接到一个电话，有人要下一笔大订单。放下电话，他马上拨通了生产部负责人刘飞的手机。而此时刘飞正在家吃饭，接到电话，赶紧跑回公司商量新任务。起初，刘飞以为任务很简单，但是听李学武一说，吓了他一大跳。

下订单的这个人是香港文汇报中原分社社长程相逢。在 2010 年 8 月 26 日的展会上，陶瓷做的牡丹花给他留下深刻的印象。香港文汇报联合有关单位，办了一个香港回归祖国 15 周年的"光耀香江"大型颁奖典礼活动，总社要在全国范围内寻找颁奖典礼的礼品。程相逢考虑到洛阳的牡丹瓷，它既代表了河南的文化元素，在某种程度上也代表中国的文化元素，才与李学武联系。

这笔订单总共 135 件产品，其中有 18 件需要特别定制。就是这 18 件花盆，远远超出李学武的生产能力。他以前做过的花盘基本上在 10 寸左右，14 寸已经算是最大的了。然而这一批订单中，最小的花盘是 18 寸，难度系数超出他的想象。李学武起初并没有意识到这一点，他认为自己工厂彩绘和花、各种釉水的结合基本上已经成熟，既然能烧小的，无非就是大一点，在烧制过程中注意细节就可以了。万一这次能做成功，那绝对是一件好事。然而，李学武高估了自己的能力，事实上，对于做大尺寸的花盘，他的工艺技术还不够成熟。最后，问题接二连三地出现了。

这次活动对香港意义非凡，获奖人物都是大腕级的人物，作为馈赠嘉宾的颁奖礼品，18 个人物一定要突出。为了保险起见，虽然只需要 18 个花盘，却不得不按 4 倍的量备货。经过再三思考，李学武接下了这笔订单。他的理由是：第一，自己做牡丹瓷的时间短，尚处于发展期，能被人看上也是一种荣幸。第二，李嘉诚、刘德华、曾宪梓……这些听着如雷贯耳的大亨，都是他很佩服的人物，如果能亲眼见上一面，也算是一段不一样的经历。再者，他们在香港都是很有分量的人物，如果他们喜欢牡丹瓷，对开拓市场和口碑宣传能起到很大的作用。第三，香港是世界大都市，可以说是中国对世界最大的窗口，牡丹瓷在那里有非常大的潜在市场。李学武想为以后牡丹瓷走出国门做好铺垫，就算这次不赚钱，也绝对值得。

决定接下这笔订单之后的李学武立马开始设计作品，经过多次沟通与修改，总算订好方案。他让制作人员经过揉、捏、切、刮、粘、雕等一套精细工艺，做好花盘。2012 年 7 月初，万事俱备，下一步就是烧制花盘，如果烧好了，马上就可以运往香港。

可是在烧制过程中，因为采用的全是新工艺，釉上彩，包括手绘和立体的结合，烧制上面都有难度。

2012 年 7 月初，他的第一批花盘入窑炉烧制，这天晚上，他和员工一起等着第一批花盘出窑。但第一批烧出来的花盘都从中间开裂，他以为温度控制得不好，上调温度，又烧一窑还是这样。因为每个釉水的收缩比例不一样，花和盘子一起烧的时候，如果花的收缩力和盘子的收缩力不一样，就会导致盘子开裂。但是李学武又不知道怎么改。"听见那个声音，心都在跳，感觉这个恐怕也完蛋了。"晚上守在窑炉旁，一听盘子的声音，他心痛得不敢看。"有时候一看盘子，汗都出来了，一看这一窑又完蛋了，烧前二十多个，一窑出来坏四五个，冷却的时候，又听到几个裂了，再补充。"

烧了第二次以后，他不敢乱烧了，这样下去不仅耽误时间，也是在烧钱。程相逢听说了情况，也着急地去找李学武："实在做不出来，或者不满意，我们就改选汝瓷、钧瓷。"这次，李学武可急了，烧第三次的时候，他守在窑炉旁边，一边烧

一边打电话给章星。"升温的时候要慢，一分钟升一度，越慢越好，尤其升到400℃、500℃的时候更要慢，烧到13个小时以上，慢慢烧，冷却的时候也要慢，到50℃以下再开窑。"最后按照章星的方法，第三次烧出来总算没碎。"第三次以后，我们对出窑的盘子检验，有的时候拉胚都会坏，素烧可能会坏，我也检验，最后温度也慢慢升，釉水粘合的时候，我们尽量把它抹抹再上釉水，再烧。出窑以后中间有个冷却过程，完全凉到50℃以后，再敲一敲没碎就没问题了。如果50℃以上，你敲，好的瓷器很清凉'蹚蹚'的声音，坏的声音听着'啪啪'，完了，里面有坏的，因为外面看不出来，但是运送的中间一震就裂了。有时候冷却一段时间，表面上看不到裂痕，敲一敲会有像破锣的声音，这就不能要了。"

李学武一边烧制牡丹瓷，一边总结经验，以拿出最好的瓷器。烧到第七遍的时候，已经是7月26日了，他必须在30日之前将牡丹瓷顺利送到香港。这最后一窑，所有员工守在窑炉旁，按照前一个月烧制总结出来的经验，基本上符合要求，最后就坏了两个。"可能工人在上釉水粘连的时候上得太少，粘得不牢，或者是里面抛光的地方抛得太少，粘了很少，一动就会掉，或者烧不上，一看这个没烧上，后来又弄一朵花，又加彩，然后把釉水又上去，再烧一遍，第二天上午，最后把这个放到车上。"本来计划7月27日晚上装车出发，为了补坏掉的2个花盘，当晚又进行了一次烧制，这时离颁奖活动开始，只有不到2天时间。

烧制前的72件，成品只有20件。因为花盘上都写有获奖人的名字，所以除了2个人的颁奖礼品有备品外，大部分获奖者只有唯一一件。以前运到其他省，全是直接装上去，顶多用废纸箱子塞一塞。就这一次李学武费尽心思，专门定了一百多块海绵垫在车上。2012年7月28日下午3点，李学武拉着颁奖品的货车准时出发。负责运输的人员回忆："我们路上几个人都是盯着前面，看着有个小沟啊什么的，就说慢点慢点。"

"7月30日的活动，我们计划29日上午必须得拉到深圳，也就是28日早上得出发。可是最后一次烧出来又补东西，还有瑕疵补一补再烧，本来是27日晚上装车走，最后不行，晚上又加班，赶紧再烧一遍。"

2012年7月30日上午，颁奖礼品顺利到达香港。就在这时一个意外发生了，惊出了在场所有人一身冷汗。卸车时，由于装卸工人不小心，一个花盘碎了。

牡丹瓷雕刻工艺展示。

逼真精细、娇艳雍容的牡丹瓷。

香港文汇报中原分社记者裴成龙回忆道:"我说完了,怎么办,当时就懵了。"李学武看花掉了,叶子也碎了,好好一个盘子乱七八糟碎了一地,着实吓得他出了一身冷汗。碎的这个盘子刚好是颁发给香港特别行政区长官董建华的,如果少了他的礼品,后果可想而知。幸运的是,李学武未雨绸缪,另外还备了一个,两个人赶紧打开仔细地盯着花盘看。末了,所有人都舒了一口气,花盘完好无损。李学武说:"其实碎的那个才是备品。"

在颁奖典礼上,李学武的牡丹瓷颁发给受奖人,他在台下激动万分。

自从参加了香港回归15周年的活动之后,他的牡丹瓷声名远播,陆续接下不少来自香港的订单。2012年,李学武在洛阳、郑州、北京陆续开了12家直营店,仅在洛阳就开设了8家牡丹瓷销售连锁店,销售额达四千多万元。

开在牡丹瓷里的"艺术家"

"中国有5000年历史文明,河洛之根,文化强国,文化是魂,文化同样兴产业。牡丹瓷借助的无不是牡丹文化,但对河洛之根的洛阳来说,文化不仅表现为牡丹文化,还有很多,比如孝子王祥卧冰求鱼救母、苏秦头悬梁锥刺股的故事就发生在洛阳。开发牡丹产品,需深挖河洛文化。不仅做牡丹瓷,我想把洛阳的好东西,都发掘、传承、发展下去。"

如今的李学武,成立了牡丹瓷研究院,研制出了花盘、花篮、花瓶、盆景、屏风、人物等15大系列、四百多个品种的产品。李学武说,牡丹瓷产品目前供不应求,已成为河南省具有代表性的旅游商品之一。许多地方政府和大企业集中采购,甚至作为"国礼"走向海外。"我们还打算与其他城市、景区合作,用牡丹元素与其他地方的代表性文化符号结合,生产牡丹瓷工艺品、旅游商品。"

其实,早在2011年下半年,就出现很多牡丹瓷的仿品。有人担心会对李学武产生负面影响。对此,李学武很淡定:"有人仿制,说明我的东西做得好,在一定程度上有利于产品的开发和宣传。有仿制品不可怕,怕的就是原地踏步,仿品激励我们要一直创新,我只要把自己的事情做好了,想超越我就难了。"

2012 年，李学武荣获"2011 年度河南省文化创意产业领军人物"和"2011 年度洛阳科技领军人物"称号。2013 年 6 月，公司被确定为"河南省文化产业示范基地"，这在河南省文化企业中仅有 3 家。

随着事业不断壮大，李学武已经为牡丹瓷的未来勾勒出一幅宏伟的蓝图，他要在陶瓷领域创造更多的独一无二，他想把牡丹瓷打造成河南的一个文化符号，带出国门走向世界。

"虽然洛阳牡丹产业发展已有三十多年历史，但整个洛阳牡丹产业依旧处于萌发期，因为缺乏创意，观念陈旧，胆子还不够大。在这个行业中的不少人抱着'够吃够喝就行'的态度，但我不这么想，要做就做到极致。以前用陶瓷做花，创新才是生存的灵魂。牡丹瓷最终不仅是瓷做的'牡丹花'，而且是一种新的瓷种，用这种瓷种去开发不同的品种，创意不断，牡丹瓷就不会败。"

下一步他将把传统唐三彩同牡丹瓷相结合，以创造出更具洛阳特色的陶瓷工艺品。"我想把我们洛阳文化传播出去，以后我不仅要做牡丹，还有乐山大佛，钧瓷汝瓷都结合进来。想大力发展，技术力量不够，研发上最难，前期的构

牡丹瓷花盘。

融合新工艺的唐代仕女俑。

牡丹瓷花篮摆件。

思全部是我们夫妻俩完成，下一步得借力了。没有高层次的人才，即使有创意，也做不出来，或者说做出来，也达不到理想的效果。"

与此同时，李学武不断完善牡丹瓷整个产业链。除了高端日用品与旅游产品，下一步挖掘颇为复杂的集茶道、香道、插花为一体的整套牡丹瓷用具，成立装饰工程公司，专门对准酒店、宾馆还有家庭装饰等。"中国有五千年历史文明，河洛之根，文化强国，文化是魂，文化同样兴产业。未来 5 年，公司还将打造一个占地 2000 亩的国际河洛文化创意产业集聚区，将洛阳刺绣、宫灯制作等河洛文化技艺保护下去，让游客能够现场参与、体验"。

创业问答

记　者：您当初选择这个项目创业时有多大把握？

李学武：把握基本为零，我们就是异想天开。当时选择都是未知数，但是我们经过分析，也咨询了很多专家，都说这一行不错，我就干。我认为潜在市场是非常大的。不管什么事情，只要自己看对了，那就要去做。前怕狼后怕虎，那就没事可做了。

记　者：您的创业心得是什么？

李学武：做事先做人。做人做得好，很多个人魅力就出来了，很多人都乐意跟着干。有时候不一定是工资待遇的问题，而是我冲你人跟着你干，而且跟着你，我认为一定能成功。

记　者：您认为创业应该具备哪些条件？

李学武：资金一定是必要的，还有市场。更重要的是锲而不舍的精神必须有，不达目的决不罢休，一往无前，有困难克服困难。我就是做事坚忍不拔，才能把牡丹瓷做到今天的感觉。

记　者：您创业除了赚钱之外，还有哪些追求？

李学武：现在我已经不是赚钱了，我就把它当作一个事业。我想把我们洛阳文化传播出去，以后我不仅要做牡丹，还有乐山大佛，钧瓷汝瓷都结合进来。

董俊营 "懂经营"

  在河南禹州，有一个叫董俊营的人，据说因为会做生意而远近闻名，名字都被人家叫成了"懂经营"。这让我们产生了采访他的想法。一番了解之后，发现董俊营搞经营确实厉害，值得向大众讲述他的创业经历和传奇故事。

  1989年，董俊营在河南老家和妻子经营了一家餐馆，生意红火，是村里出了名的万元户；1997年，他放弃了人人羡慕的安逸生活，南下深圳，冒酷暑，蹬三轮，把面粉打进两千多家超市，几年时间就成了深圳有名的"面粉大王"；2012年，他又回到河南建起了面条厂，年销售额达到了1.5亿元。

  探寻创业奇迹，不在于羡慕他每一次的成功，而是要知道他成功背后的经历。每一个项目，他几乎都是从头开始，经营从不按常理出牌。在别人看来不可能的事情，他做得风生水起，并且速度一次比一次快。

  人因为经历而丰富。董俊营一次次地检验着自己的经商水平，每一次都给了自己一张满意答卷。

赵阿卉 程诗雄 文/图

生意红火却突然消失

"有时候在电视或者电影里看到，深圳和香港就隔着一条河。他们说在深圳生意非常好做，只要好好干都能赚到钱。我就想什么时候我也能走出去，在深圳闯出一片天地。有一段时间我做梦都想去，总是想这个事，不想在家里做生意了。"

河南省禹州市梁北镇大席店是董俊营的老家，由于家庭贫困，他中学毕业后便辍学在家，挑起了全家人的生活重担。起初，董俊营和同乡一起去邻近的煤矿下井挖煤，每个月能收入一千多元，但他不甘心做一个普通的挖煤工。当手头有了一些积蓄时，董俊营便四处向朋友借钱，在老家开办起了冰糕厂。由于不熟悉业务，冰糕厂很快倒闭了。但他并没有气馁，1989 年和赵晓玲结婚后，又开了一家餐馆。

20 世纪 90 年代，因为思想还没有完全放开，很多人都赚不了多少钱。而董俊营的餐馆在方圆几十里却名气很大，谁家请客都会到他的餐馆去。"开餐馆的时候，散啤酒一天能卖 500 升，小菜一天能摆 20 多盘，生意火爆的时候，经常忙到晚上 11 点钟都有客人。"至今想起来，妻子赵晓玲仍然觉得兴奋。生意如此红火，一年下来，夫妻俩能赚个三五万元，是村里人人羡慕的万元户。一家人细水长流的日子过得幸福而温馨，十年如一日。

性格决定命运。有些人认为有吃有喝，生活过得舒服就很满足了，而有些人却不喜欢过安逸的生活，他们有理想有目标，只有轰轰烈烈地干一场，才觉得活着有意义。董俊营就属于后者。一次偶然的机会，他在店里听去深圳打工的老乡说，深圳特别适合做生意，是人间的天堂，只要好好干，就能闯出一片天地。董俊营那颗不安分的心像被点燃了一样。他想，自己这辈子还没去过深圳，还不知道天堂到底是个什么样子。是不是像电视或电影里看到的那样，深圳和香港只隔着一条河，漂亮的霓虹灯在美丽的夜空中闪烁。有一段时间，他经常想象着外面的精彩世界，做梦都想去看看。

董俊营想关了餐馆去深圳闯一闯，他刚一提出来，就遭到亲戚朋友一致反对。

也难怪，餐馆开得好好的，还到那个人生地不熟的地方去折腾？董俊营不争辩，心里却已经有了打算。

1997 年，河南的春天乍暖还寒，当清晨的第一缕晨光升起时，董俊营像往常一样出去采购厨房用料。然而，却迟迟不见他回来。就在妻子万分焦急时，一个朋友把装满一车货品的三轮车骑了回来。妻子才知道丈夫瞒着家人偷偷去了深圳。

到深圳的第二天，董俊营给家里打来电话，说自己"先考察考察"。在深圳转了半个月后，董俊营回到河南，再一次说出了自己想去深圳发展的想法。家里立马炸开了锅。妻子坚决不同意，"现在餐馆的生意这么好，家里又有老人小孩需要照顾，为什么要去一个人生地不熟的地方？"妻子的话不无道理。朋友们都认为，董俊营就算到了深圳，没有学历，也只能打打工，一个月最多也就赚个一两千元钱。早晚要卷铺盖回来，还不如在老家安安分分当老板。

不管风吹浪打，他自闲庭信步。董俊营心意已决，无论别人说什么，他都要去深圳闯荡一番。两个月时间，董俊营不停地跟妻子说深圳的好处。他对妻子说："深圳是个年轻的城市，改革开放后经济飞速发展，创业的大军齐聚沿海，在那边做事比我们这边更赚钱。"渐渐地，一向铁心反对他的妻子也被他说动了。开始和丈夫彻夜长谈，勾画着未来的美好景象。

他们把签了 3 年合同的门面免费租给了别人。董俊营想得很透彻，他要断掉自己的后路，不管在深圳遭受任何挫折，也一定要坚持下来。1997 年 8 月的一天，董俊营把 6 岁的孩子交给父母照顾，和妻子一起踏上了开往深圳的火车，去追寻他的梦想。

不了解行情　阴沟里翻船

"我把老家的土特产拉到深圳。但是深圳的气候没有一年四季之分，气温高，湿度也大，没有外层的塑料包装，面粉吸潮非常厉害。南方人又不爱吃这些东西，都吃大米，我把这个问题给忽略了。拉来了之后，想往北方人聚居的地方推销。刚开始也找不到，就坐在那儿等着卖，最

后面粉、面条都发霉了，粉条也碎了，对我打击非常大。"

董俊营夫妇心里想的是，深圳涌入了全国各地的打工人群，餐饮生意肯定好做。地道的面食，既营养又筋道。在老家，他们就是靠这个赢得乡邻的热捧的。但是，没有经过详细市场考察的他们却失算了。在他们餐馆附近南方人居多，不喜欢吃面食的南方人，让他们的生意门可罗雀。几个月后，更因生意惨淡而关门。

董俊营的哥哥有一个在地税局工作的同学，看到如此情景，便对他说，福田区有个农产品批发市场，那里人气挺旺，你把老家的土特产带到那里卖，不比做餐饮差。此时正接近春节，深圳的农贸市场人山人海。对面食敏感的董俊营却发现没有北方的面。在这里，河南的面粉，经常卖断货。在深圳打工的北方人也有很多，如果把家乡的面粉和面条拉到这里来卖，肯定能赚到大钱。董俊营用 5 万元在农贸市场租下一间 27 平方米的门面。租金和押金就已经付了 3 万元。为了省钱，他把铺面隔成两层，上面睡觉，下面做生意。安顿好妻子后，董俊营回到河南组织货源，买面粉，买挂面，买粉条，满满地拉了一车货到深圳。

信心十足的董俊营准备大干一场，还特意在店门口贴了一张海报宣传，上面写着"每袋面粉 50 斤 43 元"。目的是表明比别人便宜 1 元钱。有了这 1 元钱的优惠，他有信心，肯定能卖得好。可面粉放在店里后，看的人多，买的人却几乎没有。客户面对一大袋面粉，都摇摇头。看到如此情景，董俊营决定主动出击。蹬着一辆三轮车，成天到处转。即使是这样固定加流动的销售方式，销售效果仍然不理想。

理想很美好，现实很骨感。董俊营忽略了一个很重要的因素——气候。深圳的天气没有四季之分，气温高，湿度大，没有经过塑料包装的面粉和面条的吸潮能力非常强。一个经常买面粉的客户告诉他，国标规定的面粉湿度是 14，你的肯定超过 14 了。而这些，董俊营完全不懂。更雪上加霜的是，一场暴雨之后，水流进了店里。不到 20 天，面粉只卖出去了一小部分，剩下的全都发霉了，粉条也碎了。结了块的面粉只能当作饲料，低价卖了出去。至今回想起来，董俊营仍旧心痛，"当时不了解深圳的气候，打开仓库门一看，我的面粉都结块了，好像水泥块一样，我的心真的很发怵。"

本想开个门店做生意，没想到赔了个精光，最后连房租都交不起，日子过得无

比艰难。半年时间，带去的几万元钱没了，对董俊营的打击可以想象。

那是他们到深圳最艰难的时候，面粉发霉，深圳的太阳炙烤着大地，身上到处被蚊子咬。董俊营出去推销失败的时候，走到公交车站，就想回家去，想起撇下的孩子和老人，他真的想流眼泪，第一次有了想放弃的念头。可是转念一想，已经回不去了，家里的房子租给了别人，自己是背水一战出来的。在这个节骨眼上，妻子鼓励董俊营，一定要坚持下去。

明知山有虎，偏向虎山行。妻子的支持让董俊营打消了放弃的念头，他下定决心要打开深圳面粉市场的空白。他坚信，"既然失败了，找出原因就肯定会成功"。

小包面粉打开销路

"我通过对深圳市场的考察，发现深圳的家庭人口都不是很多，他们习惯吃米，吃面比较少，如果一包面 50 斤的话，要吃 1~2 个月。他们吃面粉主要吃新鲜，保质期不超过 1 个月的面粉是最好的。所以我把大包换成小包，从 1.5 公斤到 2.5 公斤，到 5 公斤，让市民天天能吃到新鲜的面粉，这时候我的销路就打开了。"

1998 年 8 月，董俊营又借钱托人在河南一次性买了 60 吨面粉。人们都说他疯了，上次赔光了还不够，还要借钱继续赔。

怎样才能打开局面呢？在深圳已经有些时日的董俊营，渐渐摸到了深圳人的生活消费方式。首先他改变了卖面粉的方式。在深圳，很多商户都是等着客户上门，只开店不送货，有些人想吃面粉，只是苦于没办法运回家。为了发展客户，董俊营决定给客户提供送货上门服务，只要对方打一个电话或发一个传真，就把货给人家送过去。对于客户提出的要求，他都会说"中中中"。

那是董俊营最受折磨的日子，卖一袋面粉赚 18 元钱。有时候，为了卖三四袋，董俊营却要花上一天的工夫去送货。早上 5 点钟起床，骑着三轮车，一次最多只能拉 8 包，就 400 斤了，三轮车是他从河南发货带过去的，他就成了第一个在深圳骑三轮车送货的人。晚上回到家里，妻子看着被晒得黝黑的丈夫，心疼得直掉眼泪。

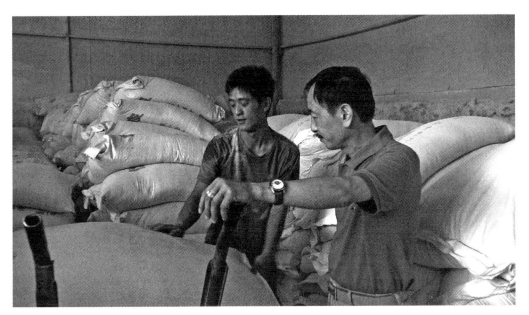

董俊营与员工亲切交谈。

装箱后的挂面正在运输上车。

在深圳这座繁华的都市里，董俊营显得那么渺小，觉得自己除了梦想和一身使不完的力气，其他什么都没有。功夫不负有心人，董俊营的面粉生意开始有所好转，三轮车也从1辆变成了6辆。就在不停走街串巷的过程中，他发现了一个商机，这个发现让细心的他很快找到了突破口，3年之内，销售额达到了2000万元。

董俊营是如何改变的呢？南方人不接受面粉，喜欢吃面的北方人住得又非常分散。慢慢地，他发现超市是人群比较集中的地方，全省的人都有，面普及得比较宽。他找准了一个点，就去超市做流通。他找了很多家超市，都不愿意给他提供货架。董俊营不得已，向对方提出"面粉卖了再给钱"的条件，一家超市总算答应把他的面粉放在超市的货架上。每次去超市，董俊营一边跟采购员聊，一边在本子上记录下销量。从这个点，他一步一步把面粉做起来了。

他观察菜市场，观察超市，细心的他发现了一个商机。因为深圳的家庭人口都不是很多，他们很少有吃面的习惯，一包50斤的面要吃1~2个月，他们又非常注重面粉的保质期。"他们吃面粉主要吃新鲜，保质期不超过1个月的面粉是最好的。"董俊营突发奇想把大包换成小包试试，从1.5公斤到2.5公斤、5公斤，让市民吃到新鲜的面粉，把面粉变成专业粉，有饺子粉、有馒头粉，做面条用黑质麦，馒头、包子可以用软质麦。"北方人每天早上是馒头，中午是面条，晚上还是面条，买一包很快就可以吃完。而深圳人早上可以吃馒头，中午是米，晚上有时间就做点粥，吃面粉的频率就小一点，所以分成小包非常可行。"

当决定要分小包装的时候，董俊营又进了第二批货直接发到包装厂。这一次，市场被他做活了。"深圳北方人也是挺多的，只要把面粉做好，满足他们的购买欲，他们还是很喜欢吃面粉的。"在经历了一阵摸爬滚打之后，董俊营总结了深圳人购买面粉的习惯。大包装换小包装销售，这一招非常管用，然后他大量推销面粉。让所有人没想到的是，这一次，董俊营进的60吨面粉不到半个月就全部销售一空，同时也把河南很多土特产打入了深圳两千多家超市，2001年销售额就达到了2000万元，在深圳成了名副其实的"面粉大王"。

催货不成自建工厂

"在车间那段时间我心里就有了底，我一定要回家建一个厂，解决我的人员问题、技术问题。我就和那个车间主任套近乎，跟他们的技术人才套近乎，上上下下我是最勤快的一个人。4天时间，和面、压样、烘房、包装，整个流程我都看了一遍，心里底气非常足，人员我也差不多物色好了。"

"人只要有目标，看准目标一直走下去，总会有成功的那一天。"董俊营是这样说的，也是这样做的。无论有多大困难，他都脚踏实地做事情，随之带来的财富也是他应得的。

就在事业蒸蒸日上时，一场百年不遇的天灾，给董俊营带来了又一次人生转折。

2008年，南方遭遇特大雪灾，京九线、京广线全部被封锁，湖南和江西的供货商无法将代工的面条运往深圳。此时深圳的面急缺，董俊营的货也无法正常供应。通讯断了，供货方的电话也打不通，只能坐着干等。

想来想去，董俊营决定亲自出马，第一时间赶往湖南郴州的一家面条厂催货。就是这次灾后催货，董俊营决定干一件事，这件事可能让他倾家荡产，也可能让他的企业达到另一个高度。

2008年2月的一天，董俊营来到了湖南的面条厂催货。到了他才知道，厂家的房子4栋压塌了3栋，只有1栋在生产。货非常紧张，很多人在排队等。因为预订面条的人太多，面条厂加班加点也赶制不出来。按照预订顺序，董俊营一周内都可能拿不到货。深圳的客户在不停地催，董俊营就守在厂里，不停地说好话，希望能感动对方，早点拿到面条，但这一招并不管用。董俊营等了3天也没有等到1车货，急得他对老板说尽好话，能不能给自己一车。但对方说，你再催也没办法，催得狠，就一点都不给你了。董俊营感到非常失望，没想到合作了八九年的老板，居然在这个节骨眼上跟自己较劲，他的心顿时像外面的冰雪一样凉。

回到宾馆，他一个晚上都没睡着觉。他想，自己这样做是不是很被动？做面粉代理商只能赚中间的差价，路很窄。如果厂家垮掉，那自己就停下来了。我要有自己的厂该多好啊，我也用不着说这么多好话，我的工人总是有活干，都能拿到高工资。一整个晚上，他一直在想什么时候自己能建一个厂。

第二天又去厂里催货的时候，董俊营看到很多人在排队，货不停地出，不停地拉。他看到人家不仅能生产出上百种各式各样的面条，还有一些他见都没见过的面条，非常羡慕。这一次，他信心十足，他想，我要建一个厂。可是，人员从哪来？技术怎么办？设备从哪里进？厂房怎么建？基地又该建在哪？董俊营就跟老板套近乎，说"能不能让我去车间帮帮忙干点活，提前给我发货？"老板说可以，你去车间吧。"在车间这段时间我心里就有个底，我一定要回家建一个厂，解决我的人员问题和技术问题。"董俊营和车间主任套近乎，和技术人才套近乎，上上下下他是最勤快的一个。在湖南面条厂的4天时间，他不仅熟悉了从和面到压样，再到烘房和包装的整个流程，还看中了一个技术人才。这个人叫王向阳，决定着董俊营面条厂的生死存亡。

最后，董俊营拉到了一车货回深圳解了燃眉之急。

回到深圳后的董俊营将自己想建厂的想法和盘托出。俗话说人往高处走，水往低处流。在深圳有了自己的一番事业之后，董俊营却要返回老家生产挂面。好不容易熬过了苦日子，妻子坚决反对再次创业："我们现在的生活过得这么好，你怎么总是瞎折腾。"朋友们也都说他脑子进水了，好不容易在深圳站住脚，有房有车，又要回河南。虽然北方人爱吃面食，但是家家户户都会做手工面，家庭妇女都会和面，也有压面机，中间小商小贩可以卖湿面条，只有一些老人才吃挂面，到面窝里卖面，几乎没有市场，局限性很大。"生产和销售根本是两码事，销售只要把产品卖出去就行了，而生产要涉及各个环节，包括技术、口味、包装、烘干、储存、存放，整个过程是一个全链条式的环节，食品行业又是良心行业，各方面的质量问题尤其重要。"做过食品行业的朋友如是说。

面对所有人的异议，董俊营却认为，河南是一个生产原粮最大的省，人工成本低，租金也低，为他建厂创造了有利条件。不顾众人的劝阻，和上次来深圳一样，董俊营登上了回河南的飞机。

忙碌的生产车间。

董俊营叮嘱员工注意包装细节。

想到建厂，董俊营想起了 2006 年和妻子回老家过年，走在乡间的小路上，因为路不好，妻子不小心扭了脚。这件事后，董俊营就一直惦记着，什么时候回乡给乡亲们办一件好事。"在老家超过 40 岁的妇女几乎都是家庭主妇，她们要照顾孩子，打工没人用。我办一个厂，叫她们作为车间工人，我可以把年龄推到 55 岁，给他们一碗饭吃。"这一次，董俊营不是为了赚更多钱，而是给家乡的人提供一个就业平台。想起这件事，他回老家建面条加工厂的想法更加迫切了。

回到深圳之后，董俊营发现自己的货还是断断续续跟不上。他和员工、中层领导坐在一起商量对策，此时，政府出台了一系列招商引资政策。董俊营觉得建厂的条件已经成熟，自己有深圳的市场，生产出的面条不愁卖。最后中层领导一致赞同董俊营的想法。这一次，妻子赵晓玲没有反对。

2008 年 3 月 26 日，董俊营决定开车回内地。

临走之前，父亲流着泪跟他说："刚在深圳买了房子，孩子也安顿好了，这边有这么多朋友，事业这么好，你回去一旦失败怎么办？你还让老人和孩子跟你回去吗？"开弓没有回头箭，董俊营已经做好了好好干一场的准备。当他和团队走在路上的时候，天开始下起瓢泼大雨。他想，这次回去是不是有什么预兆？雨本身是财，以后肯定会好，老天爷也在给我鼓劲。

2008 年 4 月，已经做了 10 年销售的董俊营回到老家，投入两千多万元，引进了两条国内自动化程度最高的中、高端挂面生产线，建起了自己的面条加工厂。当所有硬件准备就绪，王向阳便开始发挥自己的作用了，他可是董俊营早就看上的面条专家。刚开始，王向阳并不愿意离开湖南的面条厂，因为他当时的生活已经非常好了。无奈之下，董俊营提出给他最高的股份，把他的妻子安排在厂里，把他的女儿安排到当地最好的学校，让他安心做实业。董俊营使出了浑身解数，才把王向阳挖了过来。别人不明白为什么要花这么多钱聘请王向阳，他能做什么？这在禹州是根本没有的现象。对此，董俊营却有自己的道理，"第一，他能帮我培训技术人才，一切准备到位。第二，他缩短了产品投放市场的时间，控制了产品的成功率，设备技术和产品技术都有所提高。第三，他带来了整个流水线的人才，做出来的产品是真正的高起点、高标准。"董俊营决定要做就做高端产品，不在当地与普通的面条打价格战。

"北方人爱吃面，一煮就是一大锅，而且面厚，吃起来有嚼劲，而南方人的节奏快，这种快煮面一下锅就泡开了，很适合上班族。所以北方和南方的面是有区别的。"董俊营发现了南北方人对面条的需求不同，一定要抓住机遇，迎合市场，开始在面里做文章。在王向阳的帮助下，董俊营的面条厂生产出了符合南方人口味和习惯的面条。

很快，11月26日投产，产品销到深圳。早已将市场摸透的董俊营信心满满，以销定产，这一次，他一定能成功。

董俊营在河南建面条厂，降低了原料和人工成本，面条生产出来直接销到深圳。因为董俊营自认为在深圳的市场渠道已经很成熟，又迎合了整个南方市场的口味和需求，收益再度提升不在话下。可是这一年，董俊营却遇到了一个危机，董俊营不愧是"懂经营"，不仅成功地摆脱危机，3年后，把年销售额增长到1.5亿元。

另辟蹊径增加新品种

"生产普通挂面的厂家很多，生产线也简单，但是董俊营能够另辟蹊径，找到自己企业能够发展壮大的一个空间，夫妻俩非常有想法。每次到他厂里去都觉得有新的发现，新品种在不断研发，品牌也在不断扩张。自动化的流水线也很漂亮，感觉到咱们自己本乡本土的人出去创业之后回来，能把产品做到这个份上，觉得挺自豪。"

2008年的一次催货事件让董俊营重新改变了方向，他从一个面条经销商转变为生产商。有了产品，董俊营信心满满地去深圳推销，可到了后他才发现，他最有把握的市场，却因为2008年的金融危机，销量受到影响。在这紧要关头，他是如何用3年时间把销售额增长到1.5亿元的呢？

2009年，因为一年多的时间夫妻俩都在河南建厂，无暇顾及深圳的市场，加之2008年经济危机的影响，董俊营的面条销量持续下降，很多人为董俊营能不能再次打开市场捏了把汗。

面对紧张的市场局面，董俊营决定去找一个人。这是深圳福田区的一个社区，

在最显眼的位置有一家面积不是很大的超市。虽然店里一眼望到头，但它在珠三角地区就拥有五千多个分店。很多厂商想入驻，但因为店里面积有限，同类产品最多能摆放三四个品牌。早在几年前，董俊营就看上了这家连锁超市，但苦于自己当初没有实力。董俊营一定要把自己的产品做好，然后进这家连锁店。

2009 年 5 月，董俊营带着十多个品种的面条，信心满满地从深圳开车来到东莞市，找到了这家连锁店的销售总监邓妙玲，想把自己的面条打进这家超市。可让他没想到的是，邓妙玲对他的面条并不感兴趣。面条的种类很单一，董俊营的面条和其他的厂家比起来也没什么特色。邓妙玲拒绝了他。

全国做面条的企业有很多家，要做大做强，就必须走差异化路线。董俊营为打开这个超市犯了愁，自己的面条没有核心竞争力，他很着急，回去找王向阳和研发团队出谋划策。最后，董俊营发现了一个再次打开市场的方法。之前，他主要生产鸡蛋面、大豆面。这一次，董俊营决定增加面条种类，把面条细分，按照不同的人群，研制出适合老人、孕妇、小孩吃的面。禹州有很多中药材，董俊营的团队根据药食同源的理论，将一些药材作为面条的成分，研究出了一种益母草面，女性在坐月子的时候吃，活血化瘀，有利于身体的恢复。他生产出来的营养面富含蛋白质、脂肪、碳水化合物等成分，易于消化吸收，有改善贫血、增强免疫力、平衡营养等功效。药膳面、保健面则有食疗作用，尤其是山药面，有益肾、健脾等作用；而五谷杂粮面集合了五谷的营养，是董俊营主打的特色产品。在董俊营的生产车间里，可以看到各种各样的面条：纤维面、西红柿面、荞麦面、高筋面、营养鸡蛋面等，足足有上百种。有一种专为小孩子设计的面，因为外形酷似蝴蝶，所以取名"蝴蝶面"。"煮了之后非常好看，四五种口味，儿童喜欢什么口味就有什么口味"。

董俊营凭着新颖的想法，为不同人群研制不同的面条，这个改变使他的面顺利打入这家连锁超市，也让董俊营在深圳的销售店面一下子扩大到四千多家，2012年销售额便达到 1.5 亿元。

为了保证产品原材料的供应和质量，董俊营结合地域特点，充分利用禹州当地优质的小麦、红薯等资源，拟推出"公司＋基地＋农户＋粮食仓储＋粮食深加工＋产品研发＋市场销售＋品牌推广"的产业链经营模式，与农户签订了 1.6 万亩本土化无公害小麦种植合同，以带动更多的农户走上致富路。2013 年，董俊营和别人合作建立 3000 亩小麦育种基地和禹州市果蔬面和药膳面技术研究中心。

在朋友眼里，董俊营很务实，别人想不到的他能想到，别人吃不了的苦他能吃得了。人人都为他竖起大拇指。

在员工眼里，他和别的老板不一样，他总是鼓励他们要努力，让他们一心一意地干好自己的工作。吃饭和工人们在一起，和他们聊聊天，谈谈生活，听听员工的心声，是个好老板。

在村民眼里，他花钱修了村里的路，逢年过节去看孤寡老人，向部队官兵送面，是个大好人。

所有的事情，他说到做到。其实，梦想与现实的距离并不遥远，就看你敢不敢认真。董俊营不断挑战，用行动改变了自己的命运！

创业问答

记　者：您的创业心得是什么？

董俊营：人只要有目标，有胸怀和志向，没有不成功的。创业是非常痛苦的事，就怕你南辕北辙一事无成，所以方向比方法更重要，选对了方向，你只要看准目标一直走下去，总会有成功的那一天。比如我选择面条行业，我就认准它是一个朝阳的行业，人们一日三餐不可缺少的东西，什么时候都不会过时。以前我有一个创业目标和理想，做自己该做的事，本着为耕者谋利，为食者造福的理念，让我做自己一生中所做的事。

另外，创业你不能只低头拉车，那是很危险的，绝对会失败的。还要抬头看路，根据市场灵活调整，然后在这个行业中一步一步去发展，肯定会成功的。

我从做代理商到做实业，这段路走得非常难。我看中一个方向，我想面条原材料就在我们北方，我说这个行业以后肯定要发展，因为它的市场好。需要的资金又不是那么多，非常灵活，所以我就从做面粉代理商，往生产企业上靠。做代理的时候，我就把自己的品牌注册下来，当时我也没有厂，让厂家给你代加工，这就叫借鸡下蛋。

记　者：您觉得创业应该具备哪些素质？

董俊营：创业之前首先要学会吃亏。学会了吃亏，才有很多朋友，很多人想着你，愿意和你打交道，他才会把你这个人融入他心里，融入他的圈子里，你的圈子越来越大，朋友越来越多，帮你的人也就越来越多。所以要有胸怀，你的路才会走得远。

当时我也问我自己，选这个行业对吗？我选这个行业有多少把握？最后我把这些疑问都一一打消了。首先问问自己，创业的目标有没有？其次，创业的资金来源足不足，最后，创业定的目标适不适合人群的消费水平，适不适合创业的定位，最后我都一一解答了。这也是创业者应该问自己的。

记　者：您创业有多大把握？

董俊营：第一，我在南方打拼那么多年，搭建起了营销网络；第二，我在深圳十多年的积累有了充足的资金和资源；第三，创业的原材料非常丰富。我老家是种麦的大省，原材料非常丰富，人工成本比较低廉，所以按照这个目标创业，我有80%的把握。

记　者：您最大的特点是什么？

董俊营：我最大的特点就是能吃苦，能包容人，早上从来就是5点多起床，和别人就是不一样，想的事又多。

狗咬出的财富

2013年6月29日，记者来到河南省周口市郸城县东风乡董楼村。一场突如其来的大雨，让董学健措手不及，他晾晒的2万张牛皮让所有的工人一时手忙脚乱。董学健深知，这些已经晾晒了20个小时的干牛皮，对他意味着什么。这些牛皮一旦被大雨淋湿，将给他带来至少二十多万元的损失。董学健说，潮了没事，雨淋了就不行了。它会起花斑，做出来东西都是次品了。

幸亏雨没有下大，董学健舒了一口气。这些晒干后的牛皮，白如面饼，厚薄如纸，是牛皮的二层皮。头层皮一般被用来做皮鞋、皮包和高档沙发等，这剩下的二层皮成了没多大用处的下脚料，而在董学健这里，它成了赚钱的秘密武器。

如果把董学健当成一个生产皮鞋和做皮包的，你就大错特错了。这些皮在他手上演变成一种叫"狗咬胶"的商品。仅2012年，就被他卖出了五千二百多万元。

谁也想不到，正是因为这些"狗咬胶"，董学健曾被债主逼得远走他乡，也是凭借这些"狗咬胶"，他从绝境起死回生，开始了一段不可思议的财富之旅。

郭佳蓓　颜志宏　文/图

一次聊天发现商机

"有一天我发现拉货的车是我们周口的，一聊才知道我们当地有货源，他说原材料很便宜，八百多块钱 1 吨。我就很激动，原材料这么便宜，售价这么高。当时成品卖到将近 4 万元钱。这么好的项目，我们的资源这么丰富，就萌发回乡创办企业的想法。"

1996 年，在供销社下岗后的董学健做起了小买卖。卖过粮油，也倒腾过土特产，可折腾了两年不仅没赚钱，还亏了 3 万多元。1998 年，老乡把他介绍到温州打工，在一家宠物食品厂，干起卷棒工的工作。

对于卷卷就能卖钱的东西，董学健感到非常好奇。用过氧化氢将二层牛皮进行消毒和漂白，再将加工好的二层牛皮经过裁剪，做成任意大小的形状，再经过烘干出口，就成了俗称的"狗咬胶"，是用来给狗磨牙的。"因为狗喜欢啃骨头，狗咬胶基本上就是骨头造型演变过来的"。与其他食物不一样，狗咬胶是高蛋白质的营养食品，当宠物咀嚼狗咬胶时，能起到调节食欲、健康牙齿、清洁口腔、防止过度肥胖等功效。董学健从一个基层工人做起，很快便掌握了车间所有的工艺，由于工作表现突出，被调去做统计管理，开始涉足车间的管理工作。在温州打工的几年时间，他不仅了解了整个皮的工艺过程，还发现狗咬胶是个新兴产业，产品销到国外，市场前景广阔，亲眼见证了宠物食品厂的产值成倍地增长。

但让董学健憋屈的是，这是一种简单的加工活，都是一些女人在做。自己一个男人，干着同样的活，拿着不高的工资，他觉得很没面子。总觉得这样下去不是长久之计，却又苦于找不到突破口。

就在他烦闷之时，机会降临了。

2004 年 1 月的一天，董学健在工厂门口看到一辆挂着河南周口牌照的货车。河南的货车怎么会在这里出现？带着疑问和司机交谈起来。两人聊得投机，董学健本来就对狗咬胶的原材料感兴趣，于是随便问了一句：老乡，你这原材料多少钱买的？对方的回答让他惊呆了。狗咬胶的原材料就在河南项城，而且货源非常充足，

原材料才八百多元钱 1 吨，而成品能卖到将近 4 万元，纯利润达到 30%。

到底有没有这么好的事？董学健决定一探究竟。他请了几天假，第一时间赶往项城、漯河考察。到了才知道，事实正如司机所说，原材料多得卖不出去。有时还杀价，卖货的多，拿货的少。河南省劳动力充足，又是我国的养猪养牛大省，生产留下的大量牛皮猪皮都销往浙江。董学健认为自己已经掌握了生产狗咬胶的全部技术，如果在老家也开办同样的一个厂，不是一个天大的好事吗？

回来后，他当即决定辞工创办企业。

在外打工的经历，让他了解了狗咬胶的市场和前景，但当时在国内生产狗咬胶的加工厂少之又少，听说他要创办企业，家人都说"打点工挣点钱就行了，没有必要再去创办什么企业，宠物食品是新生的事物，你根本不了解这个市场"。为了说服家人，董学健通过各方面的信息跟他们讲解，原材料就在咱们这里，确实是一个很好的项目。他甚至带着家人到温州去考察，经过多次劝说，总算说服了家人。

2004 年 1 月 19 日，董学健拿出所有积蓄 16 万元，再向亲戚朋友借，一共凑了 58 万元。在自己的土地上划出两亩四分地，建起了一家同样生产狗咬胶的小厂。

董学健对技术很自信，自己又有原材料、人员，各方面都占有优势。更让他喜出望外的是，原先在温州打工时的老板还痛快地答应包销他的所有产品。

在董学健看来，下一步就只等着数钱了。然而，他哪里会想到，等待他的不是数钱，却是一场赔掉全部家产的噩梦。逼得他和妻子远走他乡，和孩子骨肉分离。

在"怪圈"中垂死挣扎

"我发了总共 7 万只小棒，他们说我的货长 5 毫米，就给我打成次品了，其实是故意克扣。 当时的价格是 2 万元钱 1 吨，最后减掉成品剩下 2 万只次品，就是当成废品了，给我 3000 元钱 1 吨。 差得比较多，当时拿到钱我就哭了，很伤心。本身借的钱办企业，交货了一亏再亏，那个单子让我亏得太厉害了，那是我最惨的一次。"

在董学健的车间，他告诉记者，就是他手上拿的这种 5 英寸、12.5 克的狗咬胶让他陷进了一个圈套。

从 2004 年 3 月开始，董学健向温州发去 3 批货。由于人员少，生产周期长，车子拉得少，再加上路途遥远，除去所有费用，第一批狗咬胶让董学健赚了 2000 元，"虽然有点少，但总比打工强，再辛苦也心甘情愿"。第二次对方以颜色不对为由，挑出了很多次品，结果董学健分文没赚。"我现在才知道根本就不是那么回事，就算颜色不好可以染色，染了色也是不愁卖钱的。"

此时，董学健已经意识到问题的严重性，但他仍然抱着"再试试看"的态度，因为除了这一家，他没有别的销路。2004 年 11 月，董学健发了 7 万只小棒到温州。这一次，他亏得血本无归。对方因他的狗咬胶比规定的长 5 毫米而打成次品，本来能卖 4 万元的东西，最后只卖了两万多元。"他们自己生产的货长那么多都是成品，这明显是故意克扣我。成品减掉以后，有 2 万只次品，当时的价格是 2 万块钱 1 吨，后来减成 2 万只当成废品了，给我 3000 块钱 1 吨。差得比较多，当时拿到钱我就哭了，很伤心。"

商场是无形的战场，对方抓住董学健没有销路的把柄，故意克扣产品，让他陷入进退两难的境地。跟亲戚朋友借钱创办企业，一年下来销售额还不到 20 万元钱，这生意还怎么做？他快要崩溃了。董学健求着对方说："这批货真的让我亏得太大，求你想想办法，这点钱对你来说是九牛一毛，对我来说是天文数字。"对方依旧云淡风轻地说："我们就是按这个标准验货的。"马上又要过春节了，董学健还要给员工发工资，他觉得自己被逼到了死胡同。

走出办公室，董学健泪流满面，头晕晕乎乎的，感觉天要塌下来了。走了一天都没吃饭，回来以后妻子问他怎么了。他把情况告诉妻子，两个人抱在一起号啕大哭。董学健发誓，就算自己的厂子倒闭了，也永远再不给对方供一批货。

如果说这一次是把董学健逼上了绝路，那么接下来，命运似乎跟他玩起了游戏。

为了摆脱对方的控制，2005 年春节一过，董学健借了 33 万元现金，再次投入生产这种规格的狗咬胶。"我当时就想，不能在一棵树上吊死，我一定要跳出这个怪圈，不跳出来就永远做不起来，他控制得非常死，这个利润空间是没有的。"

5 个月时间，董学健生产了二十多吨狗咬胶，本想换个买家赌一把，没想到二

十多吨狗咬胶居然全都砸在了自己手里。

当时，国内的市场非常有限，所有的狗咬胶主要出口欧美等国家，如果卖不掉就是一堆垃圾。董学健联系了几家公司，起初，他们让董学健寄样品，但样品寄过去之后就没有下文了。直到现在，董学健还是不明白，自己的产品质量不错，不知道当初为什么就突然卡壳了。

一卖到浙江就亏本，自己又不知道到哪去找外商。工厂最后不得不停工，欠下了74万元的外债。认识的人都觉得，这下完了，销路不好，债务这么多，肯定爬不起来了。他们见过很多办厂失败的老板，最后都是负债逃跑。"那时候真的很难，吃盐的钱都没有，我们在这个地方吃菜都没钱买，我们就在地里挖野菜，买了一把菜不舍得吃，老板没钱。"老员工于桂英回忆道。

看着仓库里堆得满满的货，董学健一筹莫展。工厂面临倒闭，工人工资发不上，银行也不给贷款，跟朋友借，就更不用说了，谁也不敢再借给他。岳父和小舅子知道他负债累累，加上外面的人议论纷纷，怕他还不了自己的钱，便以"建房"为由，开始向董学健逼债。

"我刚开始建厂，做生意本身就亏了，狗咬胶市场很小，其他厂家又不要我的货，不是不给你还钱，货在这里卖不掉，它不像其他的东西我可以便宜点卖掉，有时候这个东西便宜就更加卖不掉。"不管董学健怎么解释，他们就是不相信。"当时狗咬胶是新生产物，他们都感觉喂宠物肯定不行。因为河南那时候都没有，他们没有了解信息的渠道，对这方面了解偏少，所以说他们根本都看不到前景，我说什么他们就是不相信，我说得再好，你这个货卖不掉，就是在找借口，他们认为你这个厂子肯定不行了，肯定要死掉了。"

要是别人逼债，董学健还能接受，可是亲人逼债，让他十分痛心。"我那个小舅子跪下来求着我跟我要钱，一个男人跪下来跟我要钱，我有什么招使？"

墙倒众人推，董学健无法承受20吨狗咬胶的压力，被逼得走投无路，走在路上腿都发软。亲人的逼债，让他有了逃离的念头。他内心极度矛盾，是走还是留，如果不走只有被逼死。"这种情况下，我没有钱，我要不跑，现在你肯定见不上我。我问我老婆，我说你要不走，你就在家里面，我要走，我真的受不了了，要不然我就死。"

在车间述说创业历程，董学健百感交集。

狗咬胶加工流程。

在烟草局上班的妻子请了假，拿着自己仅有的一万多元钱，和丈夫一起四处逃离，开始了一段躲债的生活。

20 吨狗咬胶逼走他乡

"我们在郸城车站坐车去郑州，从郑州到沈阳。我永远都忘不了那天早晨，手里面带了几件随身的衣服，一步三回头，擦着眼泪走的，好像和我们的家乡永别似的。身上钱不多，到丹东后我们住在防空洞，15 元钱一天，里面阴暗潮湿。我们晚上讲讲孩子、讲讲家庭、讲讲事业。前两天经常到街上窜也没有心情，老是想孩子，我们走到这个地步，躲着亲人、躲着朋友。天天流浪在外面，每天都要哭着入睡。"

2005 年 6 月 19 日，董学健给女儿留下一张字条，便带着妻子去了辽宁丹东。走时前几天，他心里极度矛盾，走了放不下孩子，不走又承受不了巨大的压力。董学健向记者回忆道："我永远都忘不了那天早晨，手里面带了几件随身的衣服，擦着眼泪真是走一步三回头，好像在跟我们的家乡永别似的，心里很难受。"

到了丹东以后，为了省钱，夫妻俩住在防空洞里，一天 15 元钱。董学健在供销社搞过贸易，懂得怎么做买卖，到丹东后打算做点小生意。他们找了三四天的门面，发现身上的 1 万元钱租了门面连生活费都没有了。一阵盘算后，董学健花 360 元钱买了一辆小车子，让妻子买点玉米棒煮熟了卖，一个能挣三四毛钱。自己在鸭绿江边上的一个拆迁工地去打工，一天 60 元钱。"当时拿大锤抽钢筋，每天早晨七点半上班，中午吃点饭，下午还要去上班，每天这样，我们加在一起一天能挣 100 元钱左右。"

白天去干活，晚上住在阴暗潮湿的房间里，想家，想孩子，睡不着觉。夫妻俩讲讲孩子、家庭和事业。妻子忍不住流泪："我们走到这个地步，躲着亲人，躲着朋友，当时建厂的时候不让你建，你偏要建，好好的日子放着不过，你说办这个厂，把我们弄得人不像人，鬼不像鬼，天天在外面流浪，你说这怎么办。"董学健安慰妻子，我们既然走到这一步了再哭有什么用，只有继续走下去。"第二天醒来，眼睛蒙蒙，看人都是双的，眼睛都不好使了。那一段时间我们流泪太多了，后来很长时间滴眼药水。"

有一天，妻子卖完玉米棒去工地找董学健。当时鸭绿江有游艇，他看见很多人坐游艇，便拉着妻子，说咱们也坐游艇到那儿转一下。妻子说不行，咱们没有钱，不能下去。董学健急了，咱们没有钱，10元钱游一下不行吗？妻子坚决不肯，拉着他回去了。董学健为此还发了火。"为了10元钱，游艇都没有坐上，为了10元钱，我老婆不让上那个游艇去看一看，真的很遗憾。"回忆起当初的困苦，恍如昨日。

在丹东的日子没过多久，董学健开始想，一天只赚一百多元钱，这样下去，什么时候才能还清外债？钱没挣到，对孩子的思念也越来越强烈。回去，就要面对上门追债的压力，不回去，在丹东这个人生地不熟的地方，根本就看不到希望。

打工挣的钱解决不了问题。他给新疆一个亲戚打电话，问问那边能不能找点事做。新疆农产品比较多，亲戚以前在供销社搞农副产品收购，而且那边玉米、大豆比较多，生意比较好做。

想着有亲戚在那里，也算有点靠山，事情还是好办一点。

2005年7月，董学健决定从郑州转车去新疆，顺便看看儿子。但在看到儿子的时候，他心都碎了，"儿子脖子上全是灰，穿着拖鞋，脚上面满是灰"。看到儿子这种状态，董学健心如刀割，没有办法控制情绪，一家三口抱头大哭，儿子想念母亲、想念爸爸。夫妻俩在商贸城给儿子买了身衣服，找了个地方洗澡，乘下午六点半的车，带着儿子一起去了新疆。

本想到新疆谋条出路，当时是新疆卖水果的好时节，董学健却不懂卖水果。时间一久，过起了寄人篱下的生活，董学健强烈地感觉到自己不是个强者，不是个男子汉。在新疆大约半个月的时间，岳父一直打电话催他要钱，还说"你在外面躲就行了吗，你不给我钱就可以吗，没有钱你也要回来，你要还我钱。"

这样下去，家庭不幸福，事业也不成功。董学健想回到家乡从头再来。他对妻子说，咱们躲也不是办法，本身这个项目比较好，不就是欠别人的钱吗，想办法把房产卖掉，把钱还给他，把库存想办法卖掉，作为周转，想办法拓开南方市场，在北方也找一条路。

狗咬胶的破局之路

"人要有骨气，要有志气，从新疆回来的时候我举着手发誓，我要恢复以前的状态。房产一卖就不欠钱了，也就无所谓了，我没必要再躲债了，咱们回头再拼，回头慢慢来。就是在这种情况下，我们才决定回来，从头开始，不管再苦再难，受再大委屈，我始终有一股韧劲，有一股耐力。"

离开新疆之前，董学健让大哥联系好销路。2005 年 8 月，董学健回到家，和家人商量着把房子卖掉，只有把房子卖了，才有启动资金。一家四口都沉默，每个人心里都很难受，如果把房子卖了，就相当于没有家了。"我女儿不同意，后来我说我们卖了以后挣了钱买大一点的房子。房子卖出去这么多年，我就路过一次，还是特殊情况，没有特殊情况根本不到那里去，因为那是我的痛处，是个伤心地。现在这房子可以卖到几十万元，一年房租就两万多元了。"最终，董学健把县城的门面和一套住房，以 17 万元的价格贱卖用来还债。

令董学健伤心的是，老岳父领着人去买他的房产，俗话说"一个女婿半个儿"，他觉得自己这半个儿子当得非常不值。"当时我的心情没有办法控制，我说老岳父你都这样逼我，已经走投无路了。"

卖掉房产，断了后路，他下定决心要把压力变为动力，一定把事业做好。2005 年 10 月，董学健通过同行把手上积压的 20 吨狗咬胶以成本价处理掉，只收回了 34 万元钱，作为启动资金把工厂重新开起来。谁也没有想到的是，处于绝境的董学健竟然因为处理掉这批货一举两得，不仅挣到了人生中的第一笔 55 万，还真的改变了他接下来的命运走向。

皮片是最普通的一种狗咬胶，工艺操作方式比较简单，割割晒晒就可以直接包装，但在董学健的眼里，是它救了自己的命。董学健告诉记者，"让我起死回生的皮片我永远记得。每次接皮片单子我都非常高兴，我对皮片是有感情的，我喜欢做皮片，再少我都愿意做这个产品。"

2005 年 8 月，董学健的哥哥告诉他，天津一家外贸公司有一笔价值一百三十多万元的皮片订单，并让他到郑州跟客户进行商谈。董学健火速赶了过去，对方问他价格、原材料、企业规模，董学健没敢告诉对方自己的企业已经停产了，没有资金，进不了原材料。他就说，我现在有货，原材料很好，人员有，一天能做 1 吨货。对方觉得还不错，让他报个价。面对唯一一条能起死回生的路，董学健心想，我的厂停下来了，不生产了，我绝对是死定了，无论如何要拿下这个单子。综合南方市场的价格、原材料以及人力优势，经过深思熟虑，董学健报出了一个比所有竞争对手都低的价格。"市场价格应该是 15500 元 1 吨，我给他是 13200 元 1 吨，这个价格，是其他地方任何厂家拿不到的。"

董学健以地处河南，具有低廉的原材料和人工成本的巨大优势，在众多对手中脱颖而出。抓住这个唯一翻盘的机会，他喜极而泣。"走出酒店，我举着拳头说，'山重水复疑无路，柳暗花明又一村'，我终于成功拿下这个订单了。"就因为这个，董学健当时激动得眼泪都流了下来。"我终于有路可走了，就算过年没有肉吃，我们吃面条心情也很高兴了，不欠钱，没有负债，一身轻松，就是轻装上阵，我看到光明，前面死胡同打通了。"

这是董学健 4 个月来的第一桶金。这一次转机给他很大的启迪和启发，让他认准了狗咬胶的市场前景，他下定决心绝不能失败。当时没有机器，完全是手工制作，要用铡刀铡，董学健跟着工人一起干，在艰苦的环境下，十几个人加班加点地赶了出来。他天天盯着仓库看，计算有多少吨了，够一车货了，就骑着摩托车，到县城找车子拉走。

靠这笔皮片订单，董学健用手里仅有的 34 万元资金周转，分二十多批陆续生产了八十多吨皮片，4 个半月的时间，他成功翻盘，赚到了 55 万元。然而，董学健哪里会想到，对他来说，苦尽甘来的好运才刚刚开始。

正是那笔成本价处理的"狗咬胶"存货，为他引来了一个人。

他叫何卫平，是安徽一家进出口公司的总经理，专做宠物用品外贸生意。董学健 20 吨货以成本价销售，在业内引起轰动。同样引起了消息灵通的何卫平的注意。对何卫平来说，突然冒出的这家工厂，无疑为他多出一条货源。于是，他想方设法找到了还在河南一个偏僻小村里挣扎的董学健。这时的董学健厂子虽然破落，但是

狗咬胶原料晒场。

董学健整理狗咬胶原料。

他的一道工序，让何卫平顿时刮目相看。"它是湿态发泡，潮湿的时候做起来，然后送进烘房，烘干的过程中，可以有一次整形的机会，就把形状整得更漂亮。他（董学健）整过形，他能够做整形这道工序，比很多大厂还讲究，这个不是内行不知道。"

这样一个整形的小细节，让何卫平看到了董学健身上的一种可靠和信任感，当即两人签下了长期的合作协议。董学健在资金上得到了何卫平的支持，作为回报，董学健每批货给何卫平让利10%，而这样的优惠幅度是很多人做不到的。

董学健之所以让利10%，是想通过一个支点，让销售渠道越来越广。

此后，何卫平给董学健下了五百多万元的订单。董学健开足马力生产。让他喜出望外的是，2008年7月，何卫平又来了。这一次，不是他一个人，身边还多了一个美国客商。这个美国人叫汤姆，看了董学健的厂后，只给他下了一个60万元的订单。其实，这是一般厂都不屑于接的，60万元单子太小了。但是，董学健却在同他的交谈中，发现了一个细节，靠着这个细节，董学健竟财富翻番，第二年销售收入达到1000万元，第三年达到2000万元，2012年超过5200万元。原来还是一个微不足道的小厂，一下子增长这么快，到底是什么原因呢？

狗咬胶的国际化道路

"企业想做大做强，单一品种根本不行，不能占领市场，客人要求产品要多样化，我们要跟国际接轨，必须满足客人的要求，我的企业才能壮大、发展。他们一次要十几个品种，缺少一个品种，就有可能失去这个单子，他会把这个单子下到别的供应商那里。所以说我拼命要开发新产品。"

"真的好激动，那个老外非常高，有2米那么高，我往那儿一站我都这样（仰着）看他。"这是董学健第一次见到外国人，不会说英文，他就一个劲儿地傻笑。走的时候，他就会说一句"谢谢"。

能直接和外商接触，董学健想了很久，没想到这个愿望会这么快实现，他激动

不已，可和美国客商一接触，董学健却没了底气。"他问我压骨有吗？我说没有。皮卷有吗？没有。干皮接骨有吗？没有，当时问得我哑口无言。"本来老外要下300万元的订单，这么一来，只给了一个60万元的小单。但是，接触过程中，董学健发现了一条能让他财富迅速增长的信息。

从2010年开始，他把大笔资金用在囤积原料皮上，很多人对董学健花费大量人力财力存储原料皮的做法并不理解。但这都是因为那个美国客商来时透露出的一个信息。"他说如果你有这些品种，我可以给你几个货柜，我当时心里面想，真的我的品种太单一了，企业想做大做强，单一品种根本不行，不能占领市场，客人要求产品多样化，要跟国际接轨，必须满足客人的要求，我的企业才能壮大、发展得快。"当时，5个货柜总订单价值300万元人民币，而这只是第一笔。因为品种单一，董学健没有接下整个订单，但通过这件事，让董学健悟出了外商的一个心理，就是希望在一个厂家采购齐所有货物，从而节约时间成本。所以他果断决定，大量囤积原料皮。

"当时我们就做'发泡'这个产品，做了很多年。2009年我们自己慢慢充足了，就是逐步的开发，一个产品一个产品的开发。客人给我们提出了很高的要求，如果你的速度过慢，我们的单子有可能转给别人，就是你本身做这个产品有可能要停下来。我们跟客人交流比较多一点，对于国外的市场了解比较多，所以说我们要赶上国际市场的潮流。"

开发新品种，干皮库存量大，占用资金周期长，晒干以后要2.8万元1吨，如果要囤100吨，就是280万元，面对如此庞大的资金量，董学健有点吃不消。

在他品种开发急需资金时，他的企业受到当地人事局的关注。在项目评估、税费减免手续的办理、小额贷款等方面，陆续给了他很大的优惠政策和扶持。300万元的贴息贷款一过来，董学健如鱼得水，立马增加基础设施和附带设备，对多品种开发起到关键性的作用。

每年正月十五过后，一直到11月份，是晒皮的好时期。11月之后，天气比较冷，晒出来颜色发白，达不到产品的质量要求，中间有2个月不能晒皮。董学健注重信誉，如果这两个月内有大的订单，那他必定吃不消。这不仅会影响自己的信誉，对客人也是不负责的表现。所以这两个月他必须像平常一样储备原料，保证一定的库存量，以备不时之需。

董学健认为，开发新品种成了企业生产利润和产值的增长点，它可以做出两百多个品种。根据颜色分，有白色、粉色、红色、黄色、绿色等；根据味道分，有薄荷味、牛奶味、荔枝味、卤肉味等。他说，狗跟人是一样的，经常吃一样东西肯定不行，不太喜欢了，主人让它高兴，每天换一下它的口味。另外，董学健考虑到季节问题，这些货都是在阳光下晒干了以后可以储存，工人在下雨天的时候，还可以做工。"就算是雨季，也可以用存的原料进行批量生产，工人有活干，企业的订单不会受影响，客人对我们比较满意。"这样，就算到 12 月份不能晒干皮了，董学健的货还是可以源源不断地生产。在董学健的缝皮车间，工人们用针线把经过处理后的二层牛皮缝好，再经过 20 个小时的自然晾晒，就可以作为生产狗咬胶的初加工原料了。董学健说，"缝皮很有讲究，如果缝两个针眼跟缝一个针眼起到的效果一样，缝两个针眼既浪费了时间，又浪费了原材料。"董学健之所以对针眼这么斤斤计较，是因为多一个针眼或者少一个针眼，就会造成整张皮利用率的下降。

随后，董学健带着自己的产品不断参加北上广的宠物展会。在展会上，他和客人聊品种，聊价格。他的很多客户都是在展会上认识的。"客人的专业性比较强，老外经常来很多，如果品种很多，也给你带来很多好处。"他以丰富的狗咬胶品种和低廉的价格赢得了更多外商的青睐。

北欧某大型超市中国区采购员朱子彬说："以前会跟十几个供应商合作，这样在效率上是很低的，如果他们的产品比较齐全，我们的效率就很高。"记者采访的时候，董学健已被评为周口市"创业之星"。2012 年，董学健出口 2000 吨狗咬胶，销售收入超过 5200 万元。

看得见的财富梦想

"国外市场已经发展几十年了，很成熟。国内市场还不健全，要靠做宠物行业的从业者去宣传、去引导，把我们国内的宠物市场开发起来。国内宠物市场开发不是我董学健一个人、不是单靠我们公司去努力

的，而是靠宠物行业的所有经销商与生产厂家去开发这个市场。因为中国市场比较大，中国市场一旦开发起来比国外的市场不知道大多少倍。"

2013年6月30日，董学健带着他的产品来到县城做推广。他邀请到二十多个宠物狗的主人，向他们介绍狗咬胶。然而，面对这一箱箱各种不同的"狗咬胶"，很多主人还是第一次见到。任凭董学健怎么推荐，依然提不起主人购买的兴趣，董学健干脆免费送。

董学健搞这个活动，目的是要让更多人知道他的产品。他要找出中国的宠物狗不吃狗咬胶的原因，然后配出适合它们口味的产品来。他说，国外的市场已经相对成熟，而国内市场正处于起步的阶段。中国有13亿人口，具有很大的消费潜力。"随着国内人民的生活水平越来越高，子女都不在身旁，岁数大一点的老人，两个人比较孤独，所以说他们养宠物，就是当家庭成员，让他开心。宠物是通人性的，它很容易跟主人交流，很容易取乐，在这方面主人是不会计较费用的，他很舍得承担这个费用，所以说这个市场潜力很大。"

他下一步的打算是以周口为支点，再逐步向外省推进，一步一步打开国内市场，让人们了解他的产品，认可他的品牌。"我想我现在这个产品第一步走到国外，国内市场不断在开发，很大的一块金子在我跟前，我为什么得不到呢？我先把周口周边的市场开发起来，然后逐步向外省推进，把河南先做起来，让河南的宠物饲养者知道河南有这个企业，先把我周边的事情做好，在省内做好宣传、使用。"

从一个只有两亩四分地的小破厂到现在近50亩的大厂，其中经历的辛酸，只有董学健知道。他无不感慨地说道："以前市场很小，受控于别人，现在市场很大，别人控制我是很难的，就是国外的客户也没法控制我，我有自己的出路，单单一条路挤不掉我的。开发国内市场也是一样，现在是网络信息年代，这个市场很容易开发，我有这个品牌，销路可以慢慢打开，这个是让大家去慢慢适应，教给他适应方法，慢慢去认可这个产品。"

创业成功后，董学健资助贫困生，建敬老院、孤儿院、修路……他说，人不能在创造了财富之后，不顾一切地享受高端生活。他要对社会多做点有益的事情。即使今天他的企业效益很好，他还是那个勤勤恳恳、低调努力的董学健。相信在未来几年，他的品牌会在国内得到认可。

创业问答

记　者：您的创业心得是什么？

董学健：我的创业心得是，每个创业者都要有宽大的胸怀，要有吃苦耐劳、敢于拼搏的精神，要自立、自信、自强，事业才能成功，梦想才能实现，才能成为一个真正的成功者。

记　者：为什么有这样的感想？

董学健：比如说你的胸怀小的话，不能承受一点挫折，可能会走向衰败。如果创业的过程中没有吃苦耐劳的精神，遇到一点挫折我就不做了，我就退下来了，那就是一个失败的创业者。

记　者：在创业的过程中您最后悔的事情是什么？

董学健：从心里来说我选择这条路是对的，可是我曾经后悔过，不创业的话我们可能是平平淡淡地过一生，心平气和，团团圆圆，可能就没有那么多悲欢离合和人生曲折，失去了身边的朋友和亲属，在这方面有时候还是有一点怨恨的，我为了这个企业，有时候会家庭不和，亲人朋友对我有看法，这就是我最后悔最遗憾的地方，也是我最不愿意看到的地方。

记　者：在创业的过程中你自己哪一个特点让您觉得最痛恨？

董学健：在创业的过程中，我的性格有时候会比较暴躁。比如说订单赶不上，工人在做的过程中给他们讲解生产工艺流程，利用率跟不上，或者造成浪费，这时候我会发脾气，可能有时候工人不理解。90％的工人是比较好的，有分歧的工人，我应该静下心来再给他疏导，有时候控制不住情绪，说他们几句，这是我比较讨厌的，我要注意这方面，这一点要改。

记　者：您认为创业应该具备哪些条件？

董学健：第一，选择什么创业环境，哪一个行业，必须对市场前景，投入的风险分析透彻，进行市场调研，多做好这方面的工作，一定要慎重考虑，对待创业所

投入的心血，一定要慎之再慎。考察方面一定要细之再细，把所想到的问题，将要发生的问题，向创业成功者咨询，这样可以少走一些弯路，必须做到这一点才可以。如果达不到这一点，创业者走的曲折之路是比较多的，尽量找一条捷径。我希望每一个初期创业的人员，一定要和创业成功者多交流，或者是遇到资金方面问题、技术问题、销售问题、市场问题，要多跟他们沟通。我所走过的路子，可能要少走一半的弯路，成功的概率是非常高的。所以当遇到困难的时候，要把你的心态放正，我选择了，我要努力去做，我不选择，我可以退。选择了，既然做了，要永远做下去。

记　者：除了赚钱之外，您还有哪些追求？

董学健：我创业成功以后，为社会多做了一点贡献。追求嘛，人创造了财富，不能只顾享受。我想我要多给社会做点贡献，比如说建敬老院、修路、资助贫困学生等，要对社会做点有益的事情。

记　者：您认为创业者应该具备的素质是什么？

董学健：创业者成功的基本素质，一个是要有内涵。在交流、培养工人，整个社会交流、外出谈判，都必须要有涵养。再一个就是你的形象，在别人眼里，创业者是强者，遇到再大的困难，受到再大的委屈，在别人面前永远不能表露你内心的软弱。

记　者：选择这个项目创业有多大的把握？

董学健：当时选择创业的时候信心百倍，感觉到很有把握能成功，不过总的来说，过程是非常艰辛的，并不是事事如愿。没有经历这个过程的时候，想象是美好的，可是真正做起来、实施起来还是比较麻烦的。资金方面，比如说我的外债，还有销售，销路不畅，自己这一块在生产过程中遇到很大的问题。这是在创业的时候没有想到的，资金出现这种问题也是没有想到的。当时没有想到出外躲债，还有经营上的困难，当时肯定没有想到这么多问题。

财富小巨人

逐利是商人的本能。哪里热闹就往哪里凑，什么赚钱就做什么。李国民就是这样的商人。只不过，他的做法不像其他人那样找到一个赚钱的项目就守着。他是一个做成功后，又开始做另一个和原来项目基本不搭界的项目，还接二连三的成功，6年的时间建起了3个企业，年销售额超过5个亿。

生于1979年的李国民，河南省鹤壁市浚县杨堤村人。如此年轻的他，用过人的精力，驾驭着3家不同经营内容的企业，显得气定神闲，游刃有余。

我们惊讶于他的发展速度，又好奇他的项目经营，更多是希望能从他的成长过程和经营历程中能悟到些什么。

李莎莎　刘杰　文/图

被一盒方便面救活之后

"那时候年龄虽然小，但是心里有梦想、有目标，有想出去赚钱的欲望，这种强烈的欲望促使我胆子也大了。哪里赚钱就往哪冲。然后就坐上去东北的火车，赶过去进行考察。也没感觉到有多害怕，就是初生牛犊不怕虎那种状态。当时毕竟不经常出远门，去了以后还得自己做饭，自己找住的地方，自己去买自行车什么的，确实受了很多苦。"

因为家里人口多，除了种地没有别的收入。村民们对记者说，李国民他们家曾是杨堤村最穷的一户，大家断定他以后连媳妇儿都娶不到。

1995 年，因家里实在太穷，年仅 16 岁的他被迫中断了学业，拿着几百元钱，一个人到广州打工赚钱。但是因为年龄太小，个头又矮，瘦弱的身板儿没有一家工厂愿意收留他。他不仅没赚到钱，最后身上只剩下一张广州到湖南衡阳的火车票钱。到衡阳火车站时，已经两天没有吃饭的李国民虚弱地躺在了火车站。"将近两天没吃东西了，又饿又累，一点力气都没有了"。他以为自己会饿死在火车站。幸运的是，一个在衡阳上大学的小伙子去火车站送人，看见李国民可怜，给他买了一盒方便面，还给了他 5 元钱让他给家里打电话。哥哥来衡阳接他时，看到他落魄的样子，心酸地流下了眼泪。

这个被一盒方便面救了命的李国民，在家休整一段时间。他不顾家人的劝阻，又跑到西安古城卖五毛钱一串的糖葫芦。一天下来，经常为挣到十几元钱欣喜若狂。只要听说哪里可以赚钱，他就往哪里冲。

为了改变自己的命运，李国民不放弃一丁点能赚钱的机会。在河南一些地方的小饲料厂把鸡毛当作生产饲料的原材料，有专门的收购者收购。李国民盯上了这个生意。"后来我听老乡说他以前在东北做生意，他出去买菜的时候，人家都把鸡毛扔到垃圾桶里，扔到河边都没人要。我一听，说我们这地方的鸡毛收得这么费劲，那边鸡毛没人要。我就想是不是可以去把那个地方的鸡毛收集起来卖？然后我就想过去看一下。"

虽然年龄小，但是李国民有挣钱的欲望，再加上初生牛犊不怕虎的劲儿，让他坐上了开往东北的火车。"当时火车很慢，坐了将近 3 天的时间。"到了之后他发现，那里的鸡毛果然没人要。

"发现这个商机以后，我就开始着手找地方安顿自己。鸡毛回收过来以后，得有个地方放啊。找到一个农家院，我当时记得很清楚，那个农家院房子很破。就一个大间，租金很便宜。当时年龄小，虽然外出闯劲的胆量有，但是晚上一个人在黑暗冷清的房子里还是很害怕。隔壁有一个老大爷跟我说这个房你也敢租？这间房以前出过事的，里边不干净。当时越听越害怕，然后自己很多晚上想着，用被子捂着脸自己把自己吓哭了。"

"自己去买锅碗做饭。当时十六七岁，还不会骑自行车，买了一辆自行车只能推。再到菜市场买了两个苹果篓，装鸡毛。当时去（东北）的时候已经是冬天了，零下三十多度，鸡毛都冻成一个大块。收鸡毛时，我把自行车放倒，就搬起一大块鸡毛放进苹果篓里，（用自行车）推着回去。"

卖冰糖葫芦、收鸡毛、住破房子、自己做饭……他没少受过别人的冷眼，也正是因为这些，让李国民开始拥有更强大的内心。

饲料厂带来的乐与悲

"通过在李庆林那个饲料厂一年的历练和总结，我基本上在一个企业所要面临的岗位，车间的工人、锅炉工，包括代班长、车间主任、采购、销售，基本上都做全了。通过每个岗位的流程和操作规程，思考这个企业里边每个岗位的做事方法。当时李庆林还教诲我说，努力做事，只能把事做对。用心做事，才能把事做好。我就处处用心，每做一件事情，都把它当成事业去做。之前卖糖葫芦，打小工，都谈不上锻炼。然后在他这个企业里我学到了经营企业的第一步。"

东奔西跑的日子并没有让李国民看到自己的未来。"以前是看见什么挣钱就想去做，看见什么事，别人一说就想去做，但是经过一段时间的折腾以后，我感觉那样做是不行的。最多只能养家糊口，根本谈不上迈向事业，迈向成功。所以我就开始梳理，怎样规划自己的人生，规划自己的目标。"

虽然没有多少文化，却不是只顾埋头做事，李国民随时都在反省自己。这样的反省，很多时候是一种吃苦过后的经历总结。

1996年，李国民的同乡李庆林也看到了东北鸡毛没人收购的商机，就在黑龙江开了一家饲料加工厂，拉了村里十几个年轻人到那里打工，李国民就是其中之一。

"锅炉糊锅，糊的锅也有4～6毫米厚，人得进（锅炉）去把锅巴铲掉，基本这个活都是他进去干。"直径只有1米多的锅炉，里面的温度高达四五十度，无论冬夏都要穿着厚棉鞋和单衣才能在里面待得住，而且蜷着身子一干就要好几个小时。到外面收鸡毛、洗鸡毛，很多其他人不愿意干的活，几乎都被李国民包了。这给李庆林留下了很深的印象，肯吃苦、会动脑，他由此断定：这小子将来肯定有出息。

憨厚能干的李国民得到了李庆林的器重。不到一年时间，他就从一个工人，不断地被提拔，班长、车间主任、销售，到采购负责人。

其实，进李庆林饲料厂之前，李国民就给自己立下清晰的目标：通过别人的企业，借鉴成功的方法，学习管理经验，将来运用到自己创办的企业里。"通过在李庆林饲料厂一年的历练和总结，我当时把一个饲料企业所有的岗位，车间的工人、锅炉工，包括代班长、车间主任、采购、销售，基本上都做了，就想通过每个岗位的流程和操作规程，体会一下整个企业每一个岗位。当时李庆林跟我说了一句话，我记得也非常清楚。他说，努力做事，只能把事做对。用心做事，才能把事做好。然后我就开始处处用心。每做一件事情，我都把它当成事业去做，去用心经营。在他这个饲料企业里，学到了企业经营的第一步。"

那个时候，蛋白质饲料刚刚走俏，市场特别好。了解到这个行情，也学到了饲料厂如何经营。李国民在黑龙江干了一年，就回到了河南老家。他要创办自己的饲料厂。1997年，根据在饲料厂累积的经验，18岁的他拿着辛苦攒下的四千多元钱，在自家院子的角落里，开始带领一家人做起了饲料加工生意。"开始创业的时候挺艰难的。第一没有什么背景，第二虽然说在其他企业待过，毕竟没有亲自经营过企业。开始做的时候心里很忐忑，但是忐忑归忐忑，我自信心还是有的。因为说实在的，那种饲料厂又不是什么高科技项目，就是一个很普通的饲料加工厂。"

创业之初，李国民凡事亲力亲为。"我带着大家，亲自下车间干，装车、配料都自己亲手去做。"功夫不负有心人，李国民的饲料厂为他的人生赚到了第一桶金，第一年的销售额就达到 50 万元。到 2002 年，他的厂也由家里的作坊变成了家后面的大工厂，等待拉货的车排满了工厂周边的两条路。"到沈阳发一车货净利润都是一万多元钱，一般两三天就能发一车。"村里人形容李国民赚钱就像扫杨树叶，纷纷为他的能干竖起大拇指。

但是，因为做饲料的原料是羽毛粉、肉骨粉，都是从动物身上来的。鸡毛，大多数是从垃圾堆里收来的，肉骨粉是把动物骨头收集起来进行加工。这样的原材料加工起来味道自然非常大。

"肉骨粉原料通过高温一蒸之后就特别臭，臭到啥程度？臭到人家蒸了一锅馍，掀开之后，那菜馍、饭一闻都是一股肉骨粉味。老百姓只要开着门窗，屋里全是那个味，到南边有一里多地都能闻着那个味。"村民回忆起当时的景象，仍记忆犹新。

因为李国民这个饲料厂用的都是村里的老少爷们，街里街坊一个村里的人，解决了一部分人的就业。当时住在他家附近的人，也有人反映。但是大家都碍于面子，觉得我在这里挣了人家的钱，就不能说人家不好。自然，这个事情李国民是知道的。但因为饲料厂确实太挣钱了，几经打拼终于找到的挣钱路子，他舍不得丢弃。终于有一天，叔叔李文臣实在忍不住，给李国民提出了这个问题。

这算是打中了李国民的软肋，他一直因为饲料厂的臭味而心存内疚。他想跟乡亲们道个歉，老乡们的态度却让他想都没想到。

"办厂不容易，那家贫困，都是贷款，能容易吗？"

"办个厂确实不容易，它臭吧，对人身体也没多大危害。"

乡亲们都觉得李国民家里本来就穷，小伙子办厂不容易，都没有为难李国民。但听到街坊们的话，李国民心里非常难受。"我们的街坊太朴实了，如果说他们找上门来向我提一些条件，我心里也没有这种压力了。我感觉，如果咱为了赚钱，让别人来承受这些痛苦，我感觉这钱挣的心里很难受。这个饲料厂一天都不能干了。"

李国民在车间了解生产状况。

机械化生产设备。

之后，李国民在别人的不理解中一声不吭地关掉了饲料厂，这就相当于让他扔掉了两天就能净赚上万元的生意。别人都觉得他脑子被门夹了，可只有他自己明白，一个企业要长久发展，一直与臭味相伴肯定是不行的。"不能为了自己挣钱不管别人的死活，这个钱挣了，自己也不安心。"

他必须要寻找新的利润来源替代饲料厂。"要找没有污染的、可持续发展的项目，有独特技术和科技含量的项目。毕竟做饲料厂是创业的起步阶段，没有什么选择。毕竟是第一次做企业。通过这两年经营，我感觉它跟我的理想和目标有出入。因为饲料行业没有什么科技含量，对环境还有污染。所以我就果断地把厂停了，去筛选新项目，重新定位自己的目标。这对我来说，是人生的又一个转折点。"

挑战新型环保橡胶促进剂

"我知道这个难度是很大的。但是如果你想都不敢去想的话，那肯定就做不成了。用心去做，我相信他们这一帮人的能力是可以做到的。我当时对零排放这事很坚决，因为以前做饲料，吃过环保方面的亏。我不能关了一个有污染的项目，再去建一个，这不是拆东墙去补西墙吗？当初做这个决定，就想到了创新，肯定得付出代价。我已经做好了付出这种代价的准备。在资金投入、人才引进等方面，我就做了很大的努力，并且这种努力在外人看来是不可思议的。"

与浚县相邻的县城有一家国有企业，杨堤村的不少人都在那里打工。2007年的一天，李国民无意间从他们口中嗅到了商机。

"我们村有十几个人都在里边打工，在一起聊天的时候说厂里效益不错，福利待遇也挺高，并且生产出来的产品不压货。然后我就问他们是做什么的？他们说是做橡胶添加剂、橡胶促进剂的。我说这个生产工艺复不复杂？他说不复杂，现在他们用的还是老的生产工艺。他们说的虽然没什么，但是我听着有了感觉。"李国民立马到家对面去找一个人。

这个人叫申广亮，曾是这家国有企业的厂长，正好住在李国民家的对门。"从小是我生意上的偶像，我们也经常在一起聊天，我就去拜访他，我跟他说，我想做这个项目，看看可不可行？"在化工行业打拼了几十年，有着丰富经验的申广亮只对李国民说了两句话：汽车只要跑，橡胶促进剂就要用。主要是用于轮胎，这个产品这么多年了，市场一直很稳定。

除了申广亮对橡胶促进剂市场的肯定，李国民也做了很多调查。"只要是做橡胶用的，必须添加橡胶促进剂，否则就没办法成型。除橡胶以外，还用于农药和医药。一条普通的轿车轮胎，用量都在 1.8 公斤左右，需求量非常大。"除了轮胎，还有胶鞋、胶皮手套，只要是橡胶的东西就都需要它。这样的固体原料橡胶只有加入粉末状的橡胶促进剂，才能软化，然后塑型成各种橡胶制品。因为技术含量比较高，2007 年前后，在全国，大大小小加起来也只有不到 20 家生产橡胶促进剂的企业。但是，这个项目又牵涉到了环保。因为当时所有的橡胶促进剂生产厂家用的都是传统生产工艺，容易产生"三废"，环境污染严重。"国家现在在环保方面政策和约束，都非常不利于发展这个项目。要冒很大的政策风险，产品要环保，'三废'排放必须要达到国家的标准。"申广亮希望李国民想清楚，你想摆脱原来的饲料厂污染项目，而这个也是高污染项目。李国民一听，说："那我们就做出不产生'三废'的橡胶促进剂产品，做一家环保企业！"

李国民判断，这个生意有戏，说干就干。他立马开始回笼资金，征地、建设厂房、购进设备，引进两条生产线，开始向传统工艺挑战。

罗成伟和马海斌是在橡胶促进剂领域里干了二十几年的行家，被李国民请来助阵。可两个人一来，就被李国民难住了。

当时，如果沿用传统的生产工艺，会有废水排出。但那个时候的污水处理成本并不高，投产当年就可以回收全部成本，赚钱很容易。可李国民却提了一个要求，生产过程不能产生废水。"当初选择这个项目的时候，我给他们提出的要求还是蛮苛刻的，因为他们以前待过的企业在环保方面都没有像我这样的严格要求。我跟他们说，虽然咱们是做化工的，但是一定要做一个绿色无污染的化工企业，一定要做到在生产方面清洁生产，争取做到零排放。"

听李国民这么一说，罗成伟和马海斌猛然觉得无从下手，"别人从来没做过，看到的只是零零星星发表过的一些文章，没有实实在在的东西，并且国内当时的状

根据车间生产需要，对设备进行调整改良。

生产加工场景。

况，无论厂家规模大小，在环保上做得都不尽如人意，因为使用的工艺方法造就了生产出来的产品不环保，有废水、废气、废渣的排放，即便是后来用上相应的处理设施，也和我们零排放是违背的。你猛地一提起，感觉就是胡扯，而且当时掌握的工艺条件也是不可能的事。"

工艺全部都得改变，需要投入大量资金。李国民心里也知道这件事情的难度有多大，但他要生产环保橡胶促进剂的决心非常坚定。"起初做饲料厂的时候，还是在做生意，这次我要来一个生意向事业的转变。生意就是挣钱，事业是为了以后的长远发展。我知道这个难度很大，但是如果你想都不敢去想的话，那肯定就做不成了。如果用心去做，我相信他们这一帮人的能力应该是可以做到的。我当时做零排放这事很坚决，因为以前做饲料的时候，已经吃过在环保方面的亏了，我不能关了一个有污染性的项目，再去建一个，这不是拆了东墙补西墙嘛。当初作这个决定的时候，我已经做好了付出代价的准备。在资金投入、人才引进等方面，我都做出了很大的努力，并且这种努力在外人看来是不可思议的。"

改进工艺的试验进行了 11 个月，始终存在缺陷不能投入生产。但一个让人吃惊的数字，已经摆在李国民的面前。"起初开始建厂的时候，买土地、建厂房、设备预付款，这些钱都是很正常投入的。投入将近 1000 万元的时候，我把以前的饲料厂卖掉，卖了几百万元也投入进去。当时我预计投入七八百万就可以投入生产了，但是越投心里越没底。投入到 1200 万元左右的时候，我心里边开始打鼓了。"

那时，李国民只有 28 岁，1200 万元，那是他 17 岁开始出门打工，一分一分积攒了 10 年的全部积蓄。如果试验失败，所有的钱都打水漂。"当时心理压力很大，不知道钱投进去能不能见到效益，回家以后得瞒着家人，我不想把工作中的压力带到家里边去，我就跟老婆说投入几百万了，马上就要投入生产了。又要去面对企业里技术人员、研发人员的情绪，当时心里边确实是很难受。有的时候公司我都不敢去，去了以后就怕听到研发项目进展到什么地步了，还需要多少资金之类的话。我去都不敢去，要投入的钱全投入进去了。"

二十多岁就要承受这么大的压力，不能在家人面前倾诉，也不能在员工面前表现出消极的情绪，李国民独自承受着所有的压力。为了释放压力，他自己开着车到荒郊野外，一个人坐在车里，一边抽烟，一边流泪。那段时间，他每天晚上都悄悄

地做着一件事，直到采访时他才说出这件从未向别人提起的事情。

"晚上睡不着觉，很担心，我就自己下定决心，必须要把这个事做成，然后我就写了50个'我受够了'。"

受够了想创业时连出门打工的路费都没有，受够了好不容易创业很多人背后的嘲笑。连续15天，李国民都在回忆他不想回到的过去。在第15天，他写下了这样一句话："我要把所有的焦点和能量放在这个目标上。"

下定决心之后，李国民又向亲戚借了300多万元，并且请来了新的技术人员改进技术缺陷，放权给他们，让他们放开手脚去做，自己全力配合。

"因为这个毕竟是一个新兴项目，需要创新型的人去做的，人家是行业内的顶级行家，我是一个外行人。如果外行参与到内行人当中去做的话，容易束缚他们的思维和手脚，他们放不开去做。我跟他们说，这件事你们就放开手脚去做，我绝对全力以赴地配合。当初下这个决心的时候，我这个思想斗争也很激烈。只有信任他们，他们才会放开手脚去做。"

其实说是放权给他们，李国民内心极度挣扎。"因为毕竟属于第二次创业，并且要把以前积攒下来的全部资金投入进去。如果失败的话，一下子就又要从零开始，甚至从负数开始了。另外这个行业属于一个科技性项目，饲料厂和这个企业是没法相比的。如果产品不合格，包括生产工艺流程不行，就相当于这些钱打水漂了，所有的手续没法办，环评、安评手续、标准化认证根本就过不了。如果过不了，这不又是偷偷摸摸生产的企业吗？我为什么要选择这样去做？我的定位就是要正大光明地去做。"

李国民的放权给员工足够的信任，但同时也让所有人感到无形的压力。"他搭这个平台，让我们搞科研的人，感到很欣慰。因为这样的平台可以施展自己的身手，展现自己的能力，也是一个难得的事。我们在做试验的过程中投入了很多。从做小试开始，到中试，一直到最后的成型，对他（李国民）来讲，基本上是倾家荡产，倾其所有来做这个事情，幸运的是我们成功了。在做实验的过程中，李总不管不问。我们说怎么样就怎么样，尤其买一些设备，自己在外面加工一些设备，包括请一些专家，到外面再去找一些技术资料，他通通不管不问，要多少钱给多少钱，你想怎么样就怎么样。在那样的环境下自己就感到很轻松，但是这种轻松带给自己的反而是一种压力。"对李国民而言，这是全厂员工都看得到的付出。"他那时才 27 岁，在他的人生经历中刚刚获得第一桶金，成为一个小富翁。正应该享受成就的时候，反而去做这么一件当时根本看不到成功希望的事情。但是人家能够义无反顾，非常让人钦佩。"

2008 年 9 月，在所有人的共同努力下，新的生产工艺终于试验成功。而随着国家对环保的大力加强，排污处理的成本越来越高，按照传统工艺生产橡胶促进剂，已经根本没钱赚，2/3 的企业已经被淘汰。因为采用了新的工艺，李国民的竞争对手越来越少，试验成功的头一年销售额翻了五番，后面每一年翻两番，现在的他每吨橡胶促进剂净赚 3000 元。每年都在以翻两番的速度递增，现在一天就可以让李国民净赚 40 多万元。

"蚂蚁"成功挑战"大象"

"装车，在生产线生产产品，我都干过。那时候我就坚信，如果我们坚持下去的话，肯定是切入市场的一个契机。其实当初开始生产的时候，我们的企业跟其他大企业来比，人家是大象，咱们是蚂蚁。但是咱们这种小企业怎样去求生存，我想我们要有方法。有的时候大象是压不死蚂蚁的，只要咱们会躲，所以说我就利用这个机遇。当时确实是金融危机，但是危机对于大企业来说是危机，对于我们来说只要掌控好了，那就是机遇。"

2010 年春天，李国民在清华读 EMBA，几个搞房地产的同学对他说现在新农村建设很火，加上老城区也要改造，对建筑型材的需求量非常大，提议李国民做这行，将来可以跟他们的项目配套，同学的提议让李国民对建筑型材充满希望。

在调研市场时，李国民得到了一个非常重要的消息。"鹤壁引进来一个煤化工项目，这个煤化工项目生产的产品正好是型材的原材料。这样的话，我比其他竞争厂家最起码可以减少几百元钱的运费，对我们来说也属于净利润，所以说，我有天时和地利的优势。"

2010 年 7 月，李国民拿出 1000 万元，在鹤壁市建起了一家建筑型材厂。当时，国内比较大的型材厂生产线都超过 20 条，而他只有 7 条。"开始生产的时候，咱们的企业跟人家大企业来比，就是一只蚂蚁，人家是大象。"

然而，就是这只"小蚂蚁"，规模小、没有名气，也没有一个固定的经销商，李国民用了短短 7 个月时间，上演了一场蚂蚁扳倒大象的大逆转。

李国民的厂刚刚建好开始投产，全球金融危机席卷而来。我国各市县生产型材的原材料每吨疯长了两千多元，这意味着，每出厂 1 吨成品型材就要赔掉一笔钱。这简直就是生不逢时，大家都觉得李国民的运气太差了。眼看越干越赔钱，厂长贾玉军便做出了一个决定。"当时 1 吨货就要赔两三百元钱，赔得人心里难受得不得了。再这样做下去的话，公司肯定要完了。我说干脆咱们把车间先停了，等金融危机过去了再开。"出差回来的李国民发现生产线已经停了几天，急了，立马打电话让贾玉军去他办公室，狠狠地批了他一顿，你为什么要把车间生产停了？通知工人马上上班，马上把机子开起。

一天要赔两三万，却要继续生产，别人看不懂，李国民却说这是一个机遇。"其他很多厂家都停了多条生产线，但是经销商的销售却没有停，他们安装门窗不能停。但是又进不来货，我一定要把握住这个机遇，就果断地做出了决定。当时有很多人还想看我的笑话，看看厂子建好了以后，马上就来了这样一个危机，看我什么时候关门。但是我感觉老天爷是在帮我。因为我就是只蚂蚁，人家是大象，如果硬去拼的话，咱们肯定拼不过人家，咱只有利用这个机遇来切入到市场当中去。虽然每天要赔两三万元，但是我感觉这个时间不会太长，所以说我就准备了 300 万 ~ 500 万元的资金往里边赔。"

之后，李国民在门口立上了大牌匾，沿街的墙上也刷上了大字广告：欢迎光临。越赔钱他越要卖。同时，他让所有的生产线全部开工，大家都搞不懂，这个一天要赔掉 3 万元的买卖做着到底为了什么？

老总要冒险，手下人可没有理由一起冒这个险。因为担心工资发不出来，干得没有积极性，100 个工人走了三十多个，车间里缺人手，为了保证客户的产品需求量，李国民亲自带领管理人员到一线抓生产，最后还客串了两个多月搬运工。"那时候我就坚信如果咱们这样坚持下去的话，肯定是切入市场的一个契机。当时我就

李国民参与活动。

李国民的公司在天津股权交易所上市。

跟我们高层说了，人家大企业是大象，咱们是蚂蚁，有的时候大象是压不死蚂蚁的，只要咱们会躲。当时确实是金融危机，但是危机对于他们大企业来说是危机，对于我们来说只要掌控好了，那就是机遇。"

"老天爷很眷顾我，让我赔了没多长时间就开始有起色了。"2010 年 12 月，一件让工厂上下都始料不及的事情发生了。李国民既没有做广告宣传，也没有派业务员去开发市场，突然一天有几十个经销商来抢货。这让员工们看傻了眼。

原来，从 2010 年夏天开始，一半的型材厂赔钱赔得干脆关了门，没关门的也都减产断了货。在其他品牌发货很困难的情况下，李国民依旧向客户供货。这件事情在行业内宣传得很快，需要型材的都跑到李国民的厂里来买货。"那时候一天接待三四十个客户，早上一上班，他们陆陆续续地就过来了。"员工回忆道。

2011 年 2 月，生产型材的原材料价格又恢复了原来的六千多元 1 吨，做型材又变成了赚钱的生意。而这时的李国民已经吸引了河南、河北、山西、山东等 8 个省上百位经销商。

2011 年 4 月，李国民将生产线由 7 条增加到了 50 条，在河南省名列前茅。

2012 年 2 月，李国民又收购了鹤壁市一家有 200 年历史的中药厂。他成了 3 家企业的老总，34 岁的李国民看起来还有着孩子气，对未来充满梦想。他说，以前我的梦想是要改变家族的命运，现在我的梦想是让所有和我有关系的人过上幸福生活。

创业问答

记 者： 创业需要多大把握？

李国民： 我感觉创业如果有七分把握的话就应该去尝试。你想等到十分把握去做的时候，别人都已经开始做了，然后人家就会抢占先机，你只能走在别人的后边。其实作为一个创业者如果想做什么事的话，不是在细节上去了解它，而是开始做出决定的时候，一定要找出这个行业内的专家加入这个团队。我起初开始建立橡胶促进剂厂的时候，我就整合了行业内的，不管在生产上还是在技术上的实战型专家。把他们整合在一起，我把握一个大的方向，放手让他们去做细节性的工作。

记　者： 大的方向怎么判断能不能做呢？

李国民： 大的方向就是跟国家的政策有关系，天天没事的时候我就多看一些新闻，多看一些行业内的信息。心在哪里，收获才会在哪里。既然认定了我要做这个事，我会全身心地投入到这件事当中，每一个细节我都会去了解，然后我会掌握住大的方向，让他们去付诸实施。

记　者： 您决心要做这个事情的时候，做了哪些准备工作？

李国民： 起初我下决心来做这个项目的时候，酝酿了很长时间。不是说凭一腔热血，不去考虑后果地去做这些项目。要考虑这个项目的前瞻性，国家政策是不是支持，和国家的方针政策是不是相吻合等一些大环境的东西，我得去研究透彻。因为在创业之初如果不给自己设定目标，就像一个无头苍蝇没有目的性。在创业之初一定要给自己设一个近期目标，就是近期我要走到哪一步，然后只要是目标定下了，你可以修改过程，但是绝对不能修改目标。

记　者： 您觉得设定目标对您来说很重要吗？

李国民： 我感觉这个目标太重要了，从开始创业到现在，我就不断地给自己设定目标，但是我定的目标并不是那些飘在天上够不到的，而是通过努力，通过我们几个人共同的努力可以把这个目标达成的。最重要的就是我每次完成一个目标，对我都是一个激励。如果你把目标定得太远了，太高，你自己完成起来很吃力、很费劲，然后又会打击自己的信心，就树立自己近期可以完成的目标，然后朝这个目标努力地去拼搏。

我感觉一个企业，特别是一个企业的带头人如果老去抱怨一些事的话，会影响企业的发展。本来你有一股正气，有一股正能量要去发挥，结果你去抱怨，自然会打击你这种正能量。

记　者： 怎样做到不抱怨？

李国民： 每个成功的企业家基本上都是从委屈中成长起来的，因为他从委屈中成长起来以后，对事情才会有更好的看法，更好的认识。我经常也自我激励，就是给自己说，人不是圣人，人无完人，可以出现错误，但是不能在同一件事上去犯同样的错误。我感觉现在每一件事，对我不公平的事也好，或者让我委屈的事也好，这件事发生以后，是给了我一个学习的机会，给了我一个成长的机会，让这种机会融入我以后的成长和企业的发展中去。

如果你把这件事看成是对我的考验，是对我人生成长当中的一堂必修课，一种历练，这样的话，这件事处理起来也会得心应手的。

另类养猪法隐藏的财富

提到养猪场，人们常把"脏、乱、臭"等词挂在嘴边……但在河南长葛市，却有一个"看不见猪的养猪场"。之所以是"看不见猪的养猪场"，是因为这个养猪场外表像蔬菜大棚，外人路过时听不见猪叫，闻不到味道，看不到传统养猪场蚊蝇满天、脏乱不堪的景象。当记者去探访这个"看不见猪的养猪场"时，猪场主人单梢洁正在养猪场督察赶猪。

十多个猪圈的一百多头猪被整合在一个育肥大棚里，棚内猪群十分活跃。单梢洁说："这猪是在跑，活动量很大，基本上能达到百米冲刺的速度。"如此多的猪不单独喂养，却整合在一个大棚内"活动"并养到出栏，这真是一种颠覆传统的另类养猪法。但也正是这种养猪法，让单梢洁的猪场声名在外。

河南省生猪经销商李伟洁说："猪活动量大，就像运动员一样肌肉好。我们肯定愿意收这个猪，出肉率高，损耗小，在许昌地区很有名。"

靠着另类养猪法，2012年，单梢洁的猪场年销售额超过4000万元，成为当地的创业明星。

乌日娜　邓贻强　文/图

"不务正业"的折腾日子

"因为当时家庭不太富裕，父母做生意也很辛苦。一直到我当兵的时候，家里面还没有第一套房。上班之后，最初的工资 300 元，后来涨到 500 元，根本就不够个人开销。结婚后，还要父母补贴家用，肯定过意不去。从小父亲对我管教比较严厉，对我所做的事情并不是那么认可。我有时候心里总想做好一件事情，让父亲对我另眼相看。在单位工作有六七年了，感觉没有给家里面分担负担，反而是增加负担了。就想干点什么，后来就创业。"

靠养猪致富的单梢洁现在得到了人们的认可，但是他从小却是一个让家人头疼的人。

小时候单梢洁"很调皮，老是逃学，不算一个听话的孩子"，之后去当兵，父母建议他留在部队发展。但他只想去锻炼一下，没有留下的打算。2000 年，他从部队退伍回家，在当地国土资源局工作。虽然工作稳定，但他的心却没有安分下来。

单梢洁在朋友圈里爱玩出了名，他最喜欢的事就是和一帮朋友玩摩托，"天热的时候，没事就骑，兜兜风，转转圈"。同事对他的第一印象是"不太好接触"。实际接触下来，又觉得他"为人豪爽、仗义"。下班的时候，还"经常一起骑摩托、钓鱼"。朋友李治踊更直言单梢洁"洒脱、爱玩，没事儿骑着摩托兜风，做点小菜，喝点闲酒"。

父亲觉得单梢洁"成天不好好上班，不听话"，有点不务正业。至于单梢洁做的事，父亲也不认可。其实只有单梢洁自己明白，工作了将近六年的他，每月工资只有五百多元，连自己的开销都顾不上，更别谈给家里减轻负担。2007 年，他嫌上班赚钱少，开始捣鼓着边上班边做生意。

做什么生意？在当时的长葛市，做陶瓷、电动车的厂比比皆是，单梢洁的一个朋友就在做陶瓷，朋友的父亲更做了一辈子陶瓷，他们劝单梢洁建一个陶瓷厂。但洒脱的单梢洁不想走和别人同样的路，他喜欢干和别人不一样的事。别人做得多的行业，他不会去介入。在他看来，做陶瓷是能源消耗，虽然眼前暂时无法取代，但能源消耗完必然会被其他东西取代。他要做消费快且可循环产出的东西，一旦产出，很快就进入消费阶段，一消费掉就再生产，再消费，一直这样循环。

本着做快速消费品的初衷，他先后卖过啤酒，养过鸭子，结果都赔得一塌糊涂，不到一年时间就赔了十几万元。

最开始卖啤酒，有时他一天就能卖上好几千元，却不善打理。"突然间有钱了，他不知道怎么花"，买来车自己拉啤酒，却没想到一场车祸，让他一下"回到解放前"。一个夏天，他卖啤酒好不容易挣了两三万元，车祸赔款加修车款就花了4万元，辛辛苦苦"干了一个夏天居然没有挣钱"。

生意的失败，让父亲很不看好单梢洁，认为他做事"干不长，到头来还不挣钱"，但单梢洁自己明白，那是"很多事情父母给我安排好了，年轻人有逆反心理，自己没有遵循他们的意愿走，所以在他们心里就有一种干什么都干不长的想法"，于是他"心里面憋着一股气，老是想找个机会展示一下自己"。可是，他越急于表现自己，越表现不好。

啤酒生意失败后，单梢洁和一个朋友合计着养鸭，因为养鸭周期短，产出高，收效快。碍于父亲对自己的看法，他没找父亲寻求资金帮助，而是选择了请母亲帮忙。母亲以"今天5000元，下个礼拜1万元"的方式，陆陆续续给了他五六万元的资金支持。他自己又找朋友借来三四万元。有了资金支持，他们选了一个小院子做鸭场，下了班就自己到鸭场打饲料、喂鸭、收蛋。慢慢地父亲知道他又在折腾着做生意，虽不赞同，但还是默许了。父亲的生意虽然做得不是很大，但一直在做，他懂得其中的门道。他告诉单梢洁："养殖行业高进低出肯定要赔，在价格最高的时候，你介入了，必然要遭遇一个低谷期。"单梢洁很不服气，但实践证明父亲说的是对的，一年过去了，鸭场却没什么效益。最后一盘算，一年内两人共投入了二十多万元，最后却只剩下了3000元。自己辛辛苦苦做了一年，最后竟血本无归。

生意的接连失败，让父亲觉得单梢洁"工作能力不强，弄啥赔啥，一个事都没做成"。

在父亲眼里，单梢洁成了干啥啥不行的儿子。妻子李海萍也感觉"越来越差劲，有点抬不起头"。而周围的朋友对他的评价也变成了两个字——不中。

朋友张毅说："他干什么，什么不成。"

朋友栗晓辉更直言："他太好玩了，给人感觉他不是办正事的人。"

说他不行的人越来越多，可是单梢洁却在2012年被共青团长葛市委评为河南省长葛市的十大杰出青年，这中间到底发生了什么事？他是怎么改变大家对他的看法的呢？

偶然得知的致富项目

"当时我第一次看到他们用发酵床养猪，瞬间颠覆了我对养殖行业的一种看法。因为我们村当时有6家养殖场，他们给我的感觉就是说，有时候回老家，离他们可能几百米就能闻到臭气，然后周边都是污水横流。因为排污水把人家的庄稼给烧死了，动不动要赔隔壁地里的损失。看了这个之后就感觉猪场很干净，没有臭味。通过电视知道这个信息之后，就跑到山东淄博那边去看这个猪场，感觉就是跟电视里面说的一样的。"

结束养鸭项目后，单梢洁和朋友没有过多的沮丧，他们拿着养鸭剩下的3000元，再找来另外两个朋友，4人凑了4000元潇洒地外出旅游了一趟。

旅游回来，单梢洁还琢磨着东山再起，父亲提出让他回家帮忙打理生意的想法。多年前，单梢洁父亲已经从在当地食品公司杀猪做到拥有自己的一个肉食店，现在，他拥有一个2000平方米的超市，家业越来越大。但随着超市在农村越来越普及，超市已经不怎么挣钱了，父亲就和单梢洁商量看能不能做些其他生意。父亲看到当地做汽车配件及铸造的比较多，想随大流做加工制造。但单梢洁觉得，很多人在做的行业很容易市场饱和，自己比较倾向于做农业。无意中，单梢洁在电视上看到《致富经》的一期节目，上面提到发酵床养猪。连单梢洁自己也没想到，正是这无意中看到的节目为他开启了财富之门。

宽敞明亮的猪圈。

猪群在大棚里撒欢玩耍。

"第一次看到用发酵床养猪，就瞬间颠覆了我对养殖行业的看法。当时我们村有6家养殖场，离几百米就能闻到臭气，周边污水横流，把旁边地里的庄稼烧死了，动不动就得赔人家。当时看电视，看到发酵床养猪的猪场很干净，也没有听说有臭味，感觉很新奇。"单梢洁很清晰地记得第一次接触发酵床养猪模式时的场景。

发酵床养猪模式引起了单梢洁的注意，他找到当地养猪的一些老前辈聊天。通过他们，单梢洁了解到，国家一连几年都在出台涉及农业的相关政策，并大力提倡食品安全，对农业的扶持力度也越来越大。我国养猪行业水平滞后于发达国家，大部分地区还处于散养阶段，散户多、规模小、不规范。而且"只要猪养好了，不愁销路，有多少别人就来拉多少，没有赊欠"。单梢洁感觉养猪商机很大，自己可以试一试。但无意间他又听到，因为养猪对周边环境影响大，广东开始划出养猪禁区的新闻。他意识到环保的养猪模式会是未来的发展趋势，而此时他正好看到发酵床养猪的养猪新模式。

电视上介绍的发酵床养猪不能使用药物，使用药物喂养会破坏床体，这就杜绝了瘦肉精、抗生素等药物，而且这样养的猪也比较好养，是一种"懒汉养猪"的养殖模式，"传统养猪要人工清粪，这个（发酵床养猪）不用，圈体里的粪便不需要管。一个人以前养500头猪，现在养1000头可能都没问题，特别省人工，也特别省事。猪放进去之后，只要喂饲料就不用管它了，也没有以前猪场那种污水、臭味。"不仅如此，发酵床养猪"门槛比较低，不需要极高的技术含量，也不需要办企业那么大的资金投入，既赚钱又省事"。

发酵床养猪解决了单梢洁担心的问题，他开始准备在这个行业大展拳脚。但通过电视看到的东西是否真实可靠呢？带着疑问他跑到电视里介绍的那个位于山东淄博的猪场进行实地考察。

一到猪场，呈现在单梢洁眼前的场景和电视里一模一样，很是干净。猪场的猪没有满身粪，也没有臭味，更没看到周边污水横流。眼前的场景更坚定了单梢洁养猪的决心，他决定留下来学习养猪。猪场老板爽快地答应了他的请求，只要单梢洁答应买他们的种猪并交纳2万元技术指导费。

在猪场学习一个礼拜后，单梢洁回到家乡开始琢磨养猪的事。朋友和家人听说

他要养猪，态度各不相同。一些人不认同他放着好好的工作不做去养猪，而且还不会养。朋友张云龙劝他，"你什么都不懂能干养猪这一行吗，那是不可能完成的任务。"妻子李海萍也"不相信他会养猪，觉得有点可笑"。但另外一些人又觉得"很多事情不一定自己必须会才能去做，不会的时候有会的人，只要把事情安排好就行了"。不管别人怎么说，单梢洁就认准了养猪的事。他认为"不就养猪吗，有什么难的？接触周边一些养猪场的老板，他们每天挺轻松的，每天出去喝喝酒，玩玩牌，没有那么难。别人这么轻松都能做，我这么认真肯定能比他做得更好"。

借钱养猪误入"军事化"模式

"因为之前没做过企业，自己感觉建一个猪场，要和别人不一样，不能叫猪场，它就是一个企业。又不懂企业管理，自己是退伍军人，当时心想就把部队的这一套拿出来管理这个企业。让员工都按照条条框框去做，像部队的那样。当时还出操，早上出了几次操。 刚开始还好一点，两天之后，立马就有一大批员工嚷嚷着要走，感觉受不了。"

2007年，单梢洁在对发酵床养猪进行了一些了解后，开始了自己的养猪事业。他找到几个做生意的战友借了笔钱，开始圈地建养猪场。

在地圈起来，猪场也建得差不多的时候，单梢洁发现自己手上的资金好像不够了。"当时想得太简单了，猪场要花多少钱，预想得不成熟。刚开始心里想有100万元就能够把厂建起来了，但渐渐感觉不是那么回事，养猪就像无底洞一样，以前说100万元，现在200万元也出去了，可猪场怎么还没建成，感觉资金方面的压力越来越大。"

没钱怎么办？唯一的办法只有借。

找谁借，怎么借？

单梢洁想到了和自己一起长大的朋友，朋友家有陶瓷厂，经济条件不错。但因为自己有前几次失败的经商经历，加上年纪尚轻，朋友父亲对单梢洁的事业不是很认可。单梢洁自己也意识到这些问题，"当时感觉年龄小，再加上之前做两次生意都失败了，给周围人一种'瞎折腾，穷折腾'的感觉，而且越折腾越穷，不见挣钱。卖啤酒的时候，投了 4 万元钱，赔了；养鸭的时候，投了 20 万元钱又赔了；现在投资猪场要几百万元，若几百万元赔了，拿什么还人家，所以当时朋友父亲心里肯定有顾虑"。

鉴于朋友父亲的不认可，单梢洁请朋友当说客，让朋友去和父亲做做工作。但朋友心里也没底，只建议单梢洁和自己"一块去见父亲，你把你的想法，利弊都告诉他"。

"当时我们俩一块去见他爸，我把自己为什么要养猪，为什么要建厂，现在借了别人多少钱，还需要多少钱等一系列问题，原原本本和他说了说。他从小看着我们长大，他也很了解我，虽然我调皮一点，但还属于比较诚实的孩子。"朋友父亲提出去淄博买设备，单梢洁一听，感觉机会来了。"他们要去那边，我也顺道一起去。我再考察考察，顺便也让朋友父亲看一下，给我出个点子。"单梢洁带朋友父亲来到之前自己学习的猪场看了看，他们一看就感觉很新奇，觉得可行。甚至连之前单梢洁提出要打造一个听不见猪叫的花园式猪场，他们都觉得能实现。因为从生意人的角度讲，发酵床养猪方式挺有前景。"做其他的行业，首先要欠账，这个行业没有赊欠，产品也不愁销，也不需要派业务员到处去介绍产品。只要场子建起来，能生产出合格的猪，就有源源不断的客源来拉猪，我做这个事情，他们都认可。"

很快，单梢洁从朋友父亲那里借到几十万元，缓了自己的燃眉之急，猪场也慢慢建了起来。眼看着经营要走上正轨了，可没过几天又闹出了笑话。

在单梢洁心里，他一直把养猪当成自己的事业去经营，他"要建一个猪场，但要和别人不一样"。因为在部队待过，有过当兵的经历，他对部队的军事化管理很推崇，老觉得自己猪场也可以用上军事化管理，把各方面打理得井井有条。虽然他的想法很好，但实际操作却很难。

单梢洁要求员工每天早晨一上班，要在院子里出早操，而且鉴于猪场特殊性质，他还要求员工整个月不出去。自由受限制，跟坐监狱似的，很多人不愿意干这事。两天之后，立马就有一大批员工嚷嚷着要走，感觉受不了。员工杨红波感觉不可思议："刚过来的时候感觉比较搞笑，喂猪嘛，为啥还要军事化管理呢？要求这么严格，只要猪喂好就行了。"

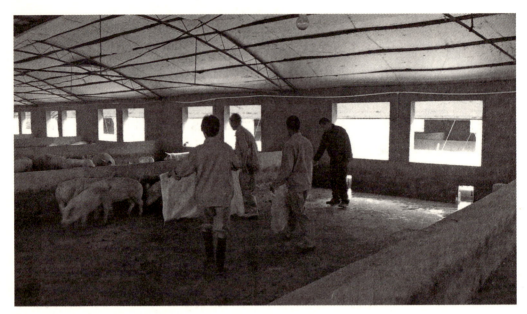

赶猪，是单梢洁养猪的一件大事。

说起养猪大棚，单梢洁滔滔不绝。

一个星期后，场子里的情景就让单梢洁束手无策，哭笑不得。单梢洁发现，员工一天天减少，到第七天的时候，第一批二十几个人就剩下5个了，还包括自己和公司副总。人员的急剧减少，让单梢洁很焦心，因为当时各个养猪场的用人现状让人堪忧。

养殖场的用人现状不乐观，单梢洁很纳闷，"为什么我引种的猪场人家全是大学生，人家就能用到大学生，我们为什么就用不到这些人？"原来，单梢洁当初引种猪时，种猪厂给他派了一个大学刚毕业的技术员。而自己"刚介入这个行业，对这个行业不了解，做了之后感觉用人特别难。规模小，根本找不到人，不要说大学生，年轻人都不愿意来，都是周边六十多岁不能外出打工的人。这些人你就没办法用规章制度去约束他们。他心情好了就给你干，心情不好不干，我也没办法。"

发现自己虽然懂点军事化，却不懂得管理。单梢洁开始考虑，"能不能找一个做过企业管理的人，让他帮忙管理"。

舅舅出山助力猪场管理

"因为猪场里面，当时那种现状，上点岁数的人没有被管理的这种意识。用更家常一点的方法，干活了你就要哄着、捧着。你见了他们，大爷您把这个猪给喂一下，大妈你把这个圈给扫一下，哄他们开心了他们才干。如果说哪一天，你安排的这个活他没有干完，你过去了，你还不能直接批评，大爷你怎么没有干。就这一句可能他晚上就要找你，明天我不来了。所以说用人这方面以前是特别难。"

单梢洁一直认为，自己在管理上没做到位，"老感觉管理上的方法过于生硬，更多的套用部队的模式，都是命令式的，对年轻人也是一种命令的口吻，比较生硬。做企业后感觉不是那么回事，想让自己改变，但又不知道从哪里入手，就感觉能不能找一个这方面做过管理的人，让他来做这个事情。人是根本，如果他能够把人管好了，其他的一切自然就好了。"

发现自己不足的单梢洁开始物色管理人员，他考虑了很多人，但一些大企业的

人自己挖不过来，只好考虑身边的人。

思来想去，他想到自己在国营肉联厂的舅舅，"他做了二十多年，从最基层一直做到副总的位置。他和我从事相关的行业，他屠宰，我养猪，都是一条线上的，我就想能不能把他给说服过来。"

单梢洁很快敲定了自己的第一人选，但他也意识到请舅舅有一定的难度，因为舅舅毕竟在一个企业做管理。"最开始的时候是一直找他，一直找，提这个事情的时候，他没有正面拒绝，就说考虑考虑。当时我感觉他毕竟在那里面是领导，如果说到这边来，一切要从头再来；再一个他可能还有一部分对我的不信任吧，感觉我年龄小，做这些事情好像不太符合我这个年龄，所以他一直在犹豫。"

直到有一天，单梢洁从父亲那里得到消息，舅舅的企业要改制了，这让单梢洁很是高兴，因为他知道，舅舅肯定会另谋出路，而自己正好需要人，趁此时机和舅舅谈帮自己的事，成功的概率会大很多。

为争取舅舅的支持，单梢洁每个礼拜就到舅舅家找他喝酒。他知道舅舅在之前的公司主要负责生猪收购，舅舅想在改制后，弄一辆大的贩猪车，给人家收猪、贩猪，做经纪人。单梢洁劝他，自己"接触过很多生猪经纪人，很辛苦的，每天这个厂那个厂跑，给人家组织猪源，还不如来这边做个老总"。为达到请舅舅出山的目的，舅甥两人喝酒时，单梢洁"每次喝着就往公司要怎么发展，要怎么怎么走去引导舅舅，每一次喝着说着就会绕到猪场上来，问他舅舅，'你感觉这怎么样？你感觉如果咱们这么做会怎么样？'一次、两次、三次，一直这样说了好几个月。慢慢感觉他对我做的这些事情有一定的认可了，有一点兴趣了，我就邀请他去厂里看看"。

在舅舅去厂里参观的前一天，单梢洁安排员工把厂区里给舅舅预留的办公室打扫出来。当舅舅去到厂里看时，很惊讶。"为什么惊讶呢？因为我是他从小看着长大的，他就感觉不对，这孩子应该没这能力，怎么突然之间搞出来这么一个厂了，当时很惊讶。他各方面看了看，和他以前接触的猪场不一样，这也激发了他的兴趣，也证明了我和他说的不是谎话，是我正在做的事情。"最后，单梢洁带舅舅去看他给他预留的办公室及卧室，舅舅还算满意，但也没马上同意。几天之后，单梢洁主动去找舅舅，和舅舅实实在在倒出了自己的苦水，"我现在很困难，我需要一个能给我掌舵的人，按我现在的年龄，我感觉我驾驭不了，想通过您的经验，来帮我驾驭这个企业。"单梢洁没想到，这一次舅舅欣然同意了，但舅舅也告诉他，"不要期望太高，有些东西不是说我一个人能转变的，我尽管帮你做做看"。

单梢洁搬来了救兵，猪场有了专人管理，他则专心研究养猪。这一研究果真还研究出了心得。在他四百多平方米的猪舍里，平均一头猪有 2 ~ 3 平方米的活动空间，猪撒欢打滚活动自如，拍手、轰猪，和猪一起互动成了单梢洁最喜欢做的事。

猪舍成了猪的运动场，经常运动的猪瘦肉率高，在市场同等条件下，能卖上好价钱。单梢洁准备了两年，2009 年第一批两千多头猪即将出栏，单梢洁信心满满，所有的希望都寄托在这些猪身上。这时候，接连而来的灾难，几乎把他的美梦压得粉碎。

被灾难惊醒的发财梦

"我和父亲在建这个厂的时候不断地发生争执。印象最深的一次，就因为建厂的一些小事情，我父亲当时就拍桌子，很大声地说滚回去上班，以后这个厂不需要你了。当时我眼泪就下来了，平生第一次反驳我父亲。我说这个厂我花费的心思要比你多，我为什么不能管。房子塌的时候，他的年龄让他有些力不从心了。我的豪言壮语放出去了，你回去，以后这个厂不用你管，不用你操心，我来做。真正接触的时候，确实遇到了很多困难。唯一的动力就是有亲戚的支持，更主要的是要把承诺我父亲的事情做好，就这么简单。"

2009 年 11 月，河南突然下起罕见大雪，雪花肆意飘洒了一天两夜。朋友张云龙回忆说："雪最厚的地方得有一米多深，薄的地方也得有五六十厘米。"

下雪天的深夜两点，单梢洁接到了让他这辈子都印象深刻的一个电话。

对方告诉单梢洁棚倒了，他"以为是外面搭建放杂物的棚，也没太在意"。一看雪下得挺大，他还是准备过去看看，到现场一看，他傻眼了，现状一下子惊醒了他想靠猪翻身的美梦。"两栋育肥舍，一栋宽 25 米，长 120 米，整体塌陷了，猪全

部在里面。当时一看就无语了，也不知道该怎么办，就组织工人赶快拿工具，把没有塌的那一栋上面的雪往下够铲，铲着铲着就听见咯吱咯吱的声音，我赶快让工人撤离了现场，亲眼看着第二栋塌了下来。"

亲眼看到猪舍倒塌，这让单梢洁很是心疼，因为他仅有的两栋猪舍都倒了，而母育肥猪都在猪舍里。猪被压得死的死，跑的跑，但所幸的是，只死了七头猪，其他的猪还可以在里面活动。猪舍虽然倒了，但是钢屋架结构只有一侧塌倒，而发酵床是往下挖的，所以里面还有一米多的空间，猪在里面不受影响，但是人进不去，里面的水管全断了，猪根本没办法正常喂食。为了给猪喂食，他们垫了块木板在猪舍里，把饲料散在木板上，让猪随便捡食。而父亲来看过倒塌现场后，只说了一句，"把这个厂给卖了吧，没法做了，所有的钱全投到这上面了"。为安慰父亲，心情沉重的单梢洁告诉父亲，"以后厂里的事情你不要管了，我来做"。

看到第一批两千多头育肥猪，单梢洁充满期待，但遭遇天灾又让他有点儿心急火燎，"因为这是第一批猪，就好像我的孩子一样，完全是我一点一滴，用了一年多的时间把它们培育出来的，所以说特别期待这批猪，一个是缓解我的经济压力，再一个在思想上有收获的满足感"。如何应对突如其来的天灾，单梢洁能想到的是迅速把能卖的猪全卖掉。

在2008年生猪市场行情走高时，"当时母猪也只有五十多公斤，很小，没有猪能卖，到2009年时，行情一直走低。但我在这个行业时间不长，对行情的起落还不是很在意，感觉就是我把猪养好了，再低的行情我有猪，再高的行情我还有猪。虽然当时价钱不高，但是有那种收获的喜悦"。面对走低的市场行情，同行开始减少猪群，把母猪淘汰掉，降低出栏率。若去年养200头，今年养100头，少出栏1头，就少损失1头的钱。

在同行都积极降低母猪存栏时，单梢洁找来厂里人开了个短会讨论解决办法。

"很多员工出这样那样的主意，但是当时我舅舅跟我提议，按正常来说，遇到这种波动周期，是老厂就要降低咱们的母猪存栏量，然后购买新的种猪，规避行情。但我们是新厂，我们应该把育肥猪淘汰掉，因为养一头你就要损失一头的钱。再加上遇到雪灾，不卖都不行，不如就把母猪开始扩繁，让母猪存栏数开始增加，到明年集中生产，把种群扩大，迎接下一个高的行情。"单梢洁和员工很赞同舅舅的看法，他甚至觉得这个看法和他的想法不谋而合，"按他在这个行业从业二十多年的经验来建议的，一个是切合我们当时那种实际情况，一个是和我心里对低行情看法不谋而合，当时就按他的这种建议去做"。

同行在减量，单梢洁却反其道而行，因为在他看来，"育肥猪有一个生长周期，任何一个企业不会下狠心，不管大小把育肥猪全卖掉。一般规模化猪场都是工厂化的生产，一个周期，一个周期，都是有计划去生产，不可能说是我把所有的育肥猪给淘汰了，那太不现实了。当时我们没办法，才下这么狠的心，所以说是一种机缘巧合"。但事后证明，正是这一个明智的"机缘巧合"让他好好赚了一笔。

育肥猪可以卖掉，母猪怎么办？在单梢洁建好倒塌掉的两栋猪舍之后，他又建了两栋产房，见小猪没地方放，就设计了一座三层楼的楼房，用来养小猪做立体养殖。楼房在雪灾前刚刚建好，水电都没通，猪舍倒塌后正好可以利用起来养剩下的母猪。

想好猪的处理办法，单梢洁开始清点损失，光猪舍加基础设施就损失了 200 万元。"因为猪舍整个是纯钢架做起来的，已经扭曲了，不能用了，买时五千多元一吨，现在也只能当两元一斤的废品卖。"

本来养猪见钱慢，自己又是借钱来养猪，正当稍微能缓解一下压力时，又遇到天灾。猪舍倒塌后，单梢洁一个人跑到雪地里面痛哭。因为之后，他又将面临一个新的问题就是还债。朋友张云龙说他："房子塌了还需要钱，资金从哪儿来，脑子当时一片空白。"

但后来的事，却让单梢洁有点意外，猪舍倒塌后的第二天，不少亲戚朋友和他通电话，纷纷安慰鼓励他，"塌了以后能重建，只要有猪在就没问题"。众多的电话里，没人提还钱的事。这让单梢洁特别难忘，"最困难的时候，反而没有一个人提钱，都说干吧，有困难咱们一起帮你想办法，感觉特别有动力"。

很快单梢洁把塌陷的房屋拆掉，准备重新兴建猪舍。此时，他和父亲产生了很大的矛盾，父亲认为要"依葫芦画瓢"，继续照搬山东模式，但单梢洁不认同，他认为类似倒塌了的那种大猪舍没用，"冬天没法保暖，夏天没法降温"。

因为养猪，单梢洁第一次和父亲顶了嘴。

"在我们家开的超市里面，因为建厂的事情，我父亲当时就拍桌子，很大声地

说滚回去上班，以后这个厂不需要你了，当时我泪就下来了，平生第一次反驳我父亲，我说这个厂我花费的心思要比你多，我为什么不能管。"

和父亲大吵一架后，第二天，大家发现，扔下一个烂摊子，单梢洁不见了。有人认为单梢洁是出去躲债了，大家议论，就算回来了，这么大的损失，单梢洁也不可能再做起来了。

员工肖凯回忆道："其实我们都知道他自己心里是最难受的。结果第二天就找不到人了，手机也联系不上，不知道去哪里了。"

2009 年的一场雪灾，让单梢洁面临二百多万元的损失，但这时，单梢洁却离家走了，没人认为他还能把猪场做起来。但二十多天后，单梢洁又回来了，而且还带着一个神秘的财富计划回来了，可是，大家却觉得他是在胡闹。

击碎流言的大棚养猪模式

"入冬的时候，感觉猪在里面太幸福了，温度、湿度各方面都很合适。然后圈上也不湿了，每天早上保暖被一卷起来，水蒸气迅速地通过换气口就挥发掉了，感觉特别实用。当时还不放心，顾虑到夏天怎么办。那时候猪群越来越大，实在没办法了，我们又加装了水帘、风机，这些物理降温设备都增加了，感觉没问题了，就开始大规模地去建。"

2009 年 12 月，单梢洁回到家，本来大家就认为单梢洁的猪是养不下去了，但他挺了过来。随着时间的推移，到 2010 年年底，单梢洁的猪存栏达到七八千头，到 2011 年年初，整体出栏已达 17000 头。而这时，生猪市场行情一路看涨，让单梢洁没想到的是，"当时的价格会那么高，生猪毛猪价卖到 9.5~10 元，一头猪基本上能挣 800~900 元，那年毛利润就将近九百多万元。

单梢洁轻松赚到了人生中真正的第一桶金，朋友李治踊没想到单梢洁能"从那种很艰难的环境里走出来，还能做得这么好"。可单梢洁接下来做的事，却让大家认为他是在瞎胡闹。

单梢洁要重新建猪舍，可他建出来的猪舍，大家怎么看都不像是要继续养猪。

原来随着对养猪行业的深入认识，单梢洁慢慢发现了发酵床养猪模式的不足。"当时存栏量太大了，而发酵床有一个强制性要求，一个猪基本上要 2 平方米的空间，那时候已经不能达到 1.5 平方米的空间了，基本上和传统的水泥圈一样了，很密集。过于密集，单一的通风，水分带不走，再加上排便量太大，那时候的床体简直就是泥潭，工人没办法翻了，整个就坏死了。猪舍没办法进，猪每动一步都很困难，前蹄一下去，基本上泥就漫到猪肚皮了，再走一步要很费力地把蹄子拔出来，才能往前挪一步。让人看了很揪心，这种环境怎么能养好猪，所以当时一门心思在探讨发酵床的事。2011 年，除了一部分还债务外，把所有的利润都拿出来建新的猪舍。"

那要建怎样的猪舍呢？单梢洁经过在猪舍观察发现，猪舍靠窗的地方有阳光就是干的，水分不大。若猪舍能照进来阳光且能够保温，那岂不是好。他开始在网络上搜索相关资料，看到东北有，浙江也有，逐一去看了，但他发现那些都是散户模式，就一个棚，不适合自己规模化养殖。

单梢洁跑了一千多公里却毫无所获，他沮丧地离开浙江，在下高速路时，第一眼就看到了花卉大棚温室旁边的水帘。用水帘降温？这引起他的注意。

单梢洁以买花为由到大棚里进行查看，发现大棚和自己设想的一致，有保暖系统、降温系统、通风系统、日照系统四大系统。在询问了造价后，单梢洁认为造价太高，不适合自己，但自己倒可以以这为方向，再结合蔬菜大棚进行综合，找到最适合养猪的大棚结构。随即，他们又去寿光取经蔬菜大棚，看冬暖棚、春秋棚、智能温室等。"当时和那边搞大棚建造的沟通了此事，他们结合温室种花及蔬菜大棚，给我们设计了方案，回来后我们就建了一部分日光温室。"为了保温，他们在大棚顶上铺了棉被，这样的日光温室在村民眼里成了另类。但当一两百头猪放进去，感觉特别好。"猪在里面太幸福了，温度、湿度各方面都很满意，圈上也不湿了。晚上需要保暖，就把棉被放下来，第二天早上里面湿气很大，就把棉被给收起来，使太阳光能够照进去，加快水分迅速挥发。"单梢洁觉得大棚特别实用，为保证大棚内的猪安全度夏，他还加装了水帘、风机等物理降温设备。在一切感觉没问题后，单梢洁的养猪大棚开始大规模兴建。

看到室外温度达三十多度，单梢洁的大棚都捂着棉被。单梢洁的猪舍一下成了

村里人的笑谈。更有人传言，单梢洁建的猪场不养猪，猪场里也没有猪。

"不像养猪的，就是种菜、种花。"

"不知道有猪没猪，听不见猪叫唤，也闻不见味。"

一时之间，单梢洁的猪场成了"看不见猪的猪场"，因为大棚发酵床养猪排污少，周围很少闻得到气味，加上猪场防疫严格，设置了好几道围墙，外边也很难听得见声音。

"看不见猪的猪场"引发意外结果

"猪场有规定，不要说外来人员，就是猪场员工请假回家，也要隔离两天才能让进厂。一般猪场的大门都是紧闭的，陌生人进不去，外来人员更是不允许，因为有防疫要求。"

"看不见猪的猪场"充满着神秘感，一些村民竟向猪场的员工打听大棚内是否有猪。而新上任的畜牧领导几次来猪场都吃"闭门羹"的趣事，让猪场变得更为神秘。

2010年，单梢洁的猪场因为神秘，在同行中小有名气。2010年10月，长葛市新上任的畜牧局局长为了对养殖企业进行摸排，就到单梢洁的猪场参观，去了两次，都没有见到单梢洁。因为局长新上任，没人认识，而单梢洁也刚巧不在，猪场的工人死活不让畜牧局的人进去。

为什么局长来了，都被挡在门外呢？原来"猪场有规定，不要说是外来人员，就是员工请假回家，也要隔离两天才能进厂，所以说一般猪场的大门都是紧闭的，陌生人及外来人员是不被允许的，因为行业的防疫要求有规定"。

在单梢洁的猪场，畜牧局的领导都看不到猪，关于他猪场没猪的传言越传越厉害。一些人甚至中伤他盖大棚猪舍，用楼房养猪，是为了得到当地的生猪出栏奖励补助。

实际上，当时正是单梢洁猪场存栏最多的时候，自己有猪，却偏被人误解，这让他很生气，"那时候正是猪多的时候，满栏猪，还愁没地方放，差一点就去租别人的厂放猪了。当时火气挺大的，想着局长你不是要见我，好！我就见你去，我当时就气冲冲地跑到局长办公室。"

2010 年 12 月，单梢洁找到畜牧局局长，第一句话就说"我那里有猪"。局长当时一愣，在了解了情况后便和他聊起养猪的事。单梢洁这才明白，局长为什么几次三番地要去他的猪场看看，"他（畜牧局局长）很感兴趣，作为领导希望看到企业不单单是挣钱，还要有一定的社会责任感，做环保养殖对社会是一种贡献"。

在与畜牧局局长沟通之后，鉴于猪场标准化建设的需要，也便于畜牧局对猪场情况进行了解，单梢洁在猪场安装了监控，这样"在监控室就能看到圈舍的情况，大大减少了误会"。

2011 年，凭借着大棚养猪法，单梢洁的年销售额达两千多万元。

挂牌交易带来的全新飞跃

"当时查到我们现在的保荐商，我们就到保荐机构找他们。大家谈这事情之前，我感觉资本市场离我们这些小微企业很遥远，通过和他们这次沟通，感觉并不像想象的那么遥远。但心里面还是没底，然后就跟保荐商说，能不能让我们到天交所更深入地了解一下。刚好那个月有几个企业挂牌，他们邀请我们一起过去。我们和当时挂牌的一些企业做了一些沟通，看了他们的资料，好像和我们也没多大区别，并不是说很大的企业。况且做了之后，对他们帮助很大，我感觉能做。"

2011 年的 8 月，单梢洁的猪场已经在基础建设、人员管理及经济效益上取得了一定发展。但自己两千多万元的销售额，在同行中却不算规模大的企业，他渐渐产生了想要进一步扩大的想法，但又苦于面临几百万元的资金难题。这时候一个人找到了单梢洁，提出了一个让他做梦都想不到的想法。

那人告诉单梢洁，他们可以做保荐商帮助他在天津股权交易所挂牌上市。"上市！我当时一听根本不敢相信。我感觉这个事情不靠谱，好像在骗企业。"那人给单梢洁说了一堆上市的好处，听起来还挺吸引人的，但单梢洁始终觉得自己的

"企业好像刚出壳的小鸡，才刚刚起步"，根本不可能在股权交易所挂牌上市。一段时间的管理层会议后，单梢洁把此事提了出来，他没想到，管理层对此事的反应很积极。众人认为，"现在资本市场很活跃，有很多新兴事物没有接触过，可以做下深入了解"。随后，单梢洁开始上网查询相关资料，还跑到保荐商那里去做了解。"以前感觉资本市场离我们小微企业很遥远，通过和他们沟通，感觉挂牌上市并没有想象的那么遥远，对企业还有一定的帮助"。与保荐商沟通了解相关情况后，单梢洁对挂牌上市产生了兴趣，并随保荐商去天津股权交易所进行了考察。

从天津回来后，单梢洁一下子变得自信了。因为他发现"一些其他企业好像和我们没多大区别，并不是说很大的企业才能挂牌，他们做这个事情后，对他们帮助很大，所以我感觉能做"。

在对挂牌上市有一定的了解后，单梢洁决定就在天津股权交所挂牌，以出让公司股权给投资机构的方式获取资金。这在当时的许昌很少有企业做，单梢洁想尝试一下。

作为当时融资比较困难的养殖企业，单梢洁十分看重挂牌带来的两项"收益"：一是融资，二是规范企业。单梢洁觉得"企业要做大做强，仅仅有资金是行不通的。任何有钱人都可以把企业做得很大，但不一定能做好。如果内部管理不完善，就是有钱投进来，到最后肯定还是要失败的。所以要做好，肯定要从一开始就规范企业"。而"企业挂牌，不是想挂就挂，有规模就能挂，要有保荐商的提前介入，把不规范的内控结构调整规范。财务制度、管理制度、行政管理、生产管理、后勤保障等，都要出台一些很详细的规范化制度"。这些能让他的企业"更团结，内部更规范，有利于以后的发展"。了解情况后，单梢洁毅然选择了挂牌上市，他想做当地第一个吃螃蟹的人。

为了使挂牌上市的事情进展顺利，单梢洁找到畜牧局寻求支持。"畜牧局的领导听了之后很诧异，一个小猪场你要挂牌上市，简直开玩笑"。单梢洁一听，就顺势把自己之前考察的一些材料给他们看，又请来保荐机构的经理来解释。解释过之后，畜牧局领导把这件事进行了汇报，很快得到市领导反馈，市领导认为这事可行性很大，小微企业所面临的一个共同的问题就是成长速度慢，为什么慢？一个是融资，另一个就是规范的问题。单梢洁若挂牌上市，"不但他自己做大了，做强了，同时也为政府规范企业的经营行为，解决融资渠道和"瓶颈"起到很好的创新和示范带动作用。"时任河南省长葛市副市长的李振伟如是说。

在多方面的支持下，经过将近一年的准备，2012年3月，单梢洁的企业在天津股权交易所挂牌。挂牌的那天，敲完锣后，单梢洁却一个人悄悄地躲到了台下，给父亲发了一条短信："事情办好了，成了。"

单梢洁清晰地记得当时父亲的反应，"当时我父亲回了一个短信：做得不错。就这一句'做得不错'，我感觉自己做这么多，就是为了得到他的一句认可"。

通过在天交所挂牌，单梢洁出让10%的股权，融资八百多万元，建设新厂房四十多栋，2012年销售额突破4000万元。

创业问答

记　者：您觉得创业应该具备哪些条件？

单梢洁：虚心，这是最主要的，不管你从事哪个行业，肯定要虚心地去请教别人，从别人的成功与失败中汲取更多的养分。当然虚心的同时也要对自己有信心。

资金方面，因为每个人的生活环境不一样，每个人的交际圈不一样，所以资金还是要靠自己去争取，要争取别人的帮助。首先要让别人认可你这个人，其实不管你做什么，你哪怕是开银行，如果说别人不认可，也不会放心地把资金交给你。

记　者：您认为创业中哪些素质最重要？

单梢洁：我认为年轻人创业，首先得自律，把自己年少轻狂的那一面先打掉。人最开始都是一身刺，不断地磕磕碰碰，把刺给磨平了，才会深思熟虑。以前没有经过那么多的跌跌撞撞，就感觉天不怕，地不怕，其实那时候想法很简单。

再是坚持，我所谓的这种坚持，就是说虚心做你做的这一件事情。你要去聆听很多不同的声音，但是不代表不同的声音它就是对的，作为一个企业的负责人，你要去甄别不同方向的声音，对企业的发展有哪些帮助，举个例子，好像我们现在，一直坚持做发酵床，别人都不去做，我和做过发酵床的同行去聊天，我并不是问他们为什么不做发酵床了，发酵床有什么弊端，而是问看到这个弊端的时候怎么办，我去听他们的声音。他们回答是，与其这么费事，还不如用水冲扫，轻轻松松的，

每天翻一下。他们顾忌的就是过多的人工投入，又费事。于是我考虑，如果把这些他们认为费事的东西，变成简单的东西，这个弊端不就解决了吗？所以说别人不做，是因为面对问题他没有去找办法，而我们一直做。所谓的坚持，就是我们坚持把它有利的一面进行了充分发挥，把它有弊端的一面想办法解决掉。

记　者：为什么要创业？

单梢洁：第一方面，周边的人群在不断变化，别人买车也好，买房也好，我没有这能力，这是我切切实实生活的需要。第二方面，急于得到父母的认可，就是想做一件啥事证明自己。第三方面，受朋友的影响很大，因为我身边的很多朋友，很多是自己家里面有生意，父母做生意，他们很早就帮助父母做生意，"近朱者赤，近墨者黑"，有些时候和他们在一起听他们谈，更多的是生意场上的东西，就是感觉自己也想像他们那样去做一个生意人。

记　者：除了赚钱之外，您有没有别的追求？

单梢洁：年轻人不管有没有学问，都是有理想的，像我刚接触养猪的时候很简单，赚钱，这是毋庸置疑的。我就是要赚钱，你还账也好，改善生活也好，这是必然的，但是做着做着，慢慢就发现，这个行业有很多值得我去做的地方。我就是想把自己力所能及的事做好，做得让消费者放心。